빽투더퓨처,
역사의 시계를 돌리다

빽투더퓨처, 역사의 시계를 돌리다

초판 1쇄 발행 2025년 12월 10일

지은이 김상운

펴낸이 윤주용
편집 도은주, 류정화 ㅣ 마케팅 조명구 ㅣ 홍보 박미나

펴낸곳 초록비책공방
출판등록 2013년 4월 25일 제2013-000130
주소 서울시 마포구 동교로27길 53 308호
전화 0505-566-5522 ㅣ 팩스 02-6008-1777

메일 greenrainbooks@naver.com
인스타 @greenrainbooks @greenrain_1318
블로그 http://blog.naver.com/greenrainbooks

ISBN 979-11-24126-17-2(03910)

* 정가는 책 뒤표지에 있습니다.
* 파손된 책은 구입처에서 교환하실 수 있습니다.
* 저작권을 준수하여 이 책의 전부 또는 일부를 어떤 형태로든 허락 없이 복제, 스캔, 배포하지 않는 여러분께 감사드립니다.

어려운 것은 쉽게 쉬운 것은 깊게 깊은 것은 유쾌하게

초록비책공방은 여러분의 소중한 의견을 기다리고 있습니다.
원고 투고, 오탈자 제보, 제휴 제안은 greenrainbooks@naver.com으로 보내주세요.

빽투더퓨처, 역사의 시계를 돌리다

뉴스로 읽는 세계사

김상운 지음

추천사

●

국제정치를 전공한 사람이면 누구든지 한반도 분단이 가지는 특별한 의미에 대해 잘 알고 있습니다. 그런데 그 의미를 정확하게 파악하려고 연구를 진행하다 보면 일종의 무력감에 빠지는 경우가 많죠. 한반도 문제의 본질에는 국제정치적 요인이 너무도 강하게 작용하고 있기 때문입니다. 특히 미국과 중국으로 상징되는 초강대국을 상대로 일상의 외교전(外交戰)을 치러야 하는 우리의 입장에서 분단의 극복은 너무도 버거운 과제가 아닐 수 없습니다. 그렇다고 하더라도 한국의 연구자 입장에서 해법을 찾기 위한 노력을 외면할 수도 없는 노릇입니다.

제2차 세계 대전 이후 국제정치적 환경으로 인해서 분단된 사례로는 일반적으로 독일, 베트남, 예멘, 중국, 한국, 이렇게 5개 국가를 꼽습니다. 물론 중국은 다른 4개 국가와는 좀 상황이 다른데, 중국과 대만 관계를 분단으로 볼 수 없고 국제사회는 '하나의 중국 정책'을 보편적인 원칙을 채택하고 있기 때문입니다. 다만 중국의 입장에서 여전히 대만 문제가 해결되지 않았기 때문에 학문적 차원에서는 같은 범주에 포함시키고 있습니다. 결과적으로 이들 국가 중에서 한반도만이 아직까지 유일한 분단 상태로 남아 있습니다.

막힌 길은 둘러 가라는 말이 있듯이 한반도 분단 해결을 위한 해법이 복잡하고 어려울수록 친절하고 보기 쉬운 나침판을 만들어서 한반도 문제의 특수성을 이해하려는 노력을 게을리하지 말아야 할 텐데요. 바로 이런 차원에서 김상운 기자의 이번 책은 남다른 가치를 가집니다. 미중 갈등과 한반도 문제, 남북한 관계의 핵심 이슈, 한미 간 애증 관계 등 한반도를 관통하는 주요 사안들을 일관된 문제의식으로 분석하면서 한국전쟁 이후 분단 상황의 씨줄과 날줄을 선명하게 드러내서 정교하게 보여주고 있습니다. 무엇보다도 미중 갈등과 같은 주제에는 분석 대상으로 설정해야 할 세부 주제들이 워낙 많아서 어떤 주제를 골라야만 한반도 문제의 핵심으로 연결시킬 수 있을지 이 부분에 대한 고민이 쉽지 않은데 김상운 기자는 연구자로서 훌륭한 선별 능력을 보여주었습니다.

남북한 관계사와 한미 관계의 경우도 제한적인 주제들을 골라서 설명하고 있지만 해당 사건들의 배경과 역사적 및 현재적 의미에 대해서 입체적인 조명을 하고 있습니다. 한결같이 쉽고 정확한 문장으로 한반도 문제의 복잡한 측면을 이해하는 데 큰 도움이 되는 설명들입니다.

1945년 해방을 기준으로 한다면 올해로 분단 80년을 맞이

하게 됩니다. 그 오랜 시간 동안 남북한 사이의 반목과 갈등의 골은 더욱 깊어져 왔습니다. 남북한 사이에 의미 있는 합의가 없었던 것은 아니지만 한결같이 지속적인 성과로 이어지지는 못했죠. 자유주의 국제질서가 심각한 조정 국면에 들어갔고 강대국들의 국가 이기주의는 트럼피즘이라는 전례가 없는 통치 철학으로 드러나고 있기도 하고요. 이럴 때일수록 우리의 문제를 우리 중심으로 이해하려는 적극적인 자세가 필요할 것입니다. 아무쪼록 이 책이 많은 독자들과 만나서 한반도 평화와 통일을 앞당기는 의미 있는 씨앗이 되기를 기대합니다.

박인휘
이화여대 국제대학원장(제67대 한국국제정치학회장 역임)

늘 궁금했다. "외교는 현실이다"라고 말할 때 '현실'이 가리키는 바는 정확히 무엇인지. 모든 국가들이 그 순간의 단기적 이익을 극대화하는 걸 가장 중요하게 여긴다는 얘기일까? 어제를 잊은 기억상실증 환자나 내일을 모르는 쾌락주의자처럼? 반대로 "미국(혹은 중국, 일본)의 의도를 정확히 파악해야 한다"는 말에 대해서도 마찬가지였다. 미국 혹은 중국이나 일본 정부가 아주 의지가 강한 개인처럼 수십 년 동안 어떤 목표를 일관성 있게 추구했고 지금도 그렇다는 걸까? 양쪽 다 아닌 것 같은데 그렇다면 주요 국가들은 세계를 어떤 식으로 보고 자신들의 미래를 준비해서 행동을 결정하는 걸까?

김상운의 《빽투더퓨처, 역사의 시간을 돌리다》는 이 의문에 대해 날카롭고 설득력 있는 대답을 제시한다. 공산주의라는 이념은 사라졌으되 지금도 국제 질서의 밑바닥은 여전히 20세기의 냉전 구도라는 것이다. 강대국은 최근에 정권을 잡은 성격 특이한 정치 지도자 한 사람이 움직이는 거대 로봇이 아니다. 오늘만 사는 욜로족들의 회합도 아니다. 그들은 어떤 종류의 집단적이고 오래된 욕망과 두려움, 그리고 도덕성에 대한 관념을 품고 있으며 그것은 꽤나 지정학적인 문제이기도 하다. 이념 대결은 끝났지만 그 욕망과 두려움, 무엇이 옳은지에 대한 감각은 여전히 지구적인 스케일에서 얽이고 충돌하며 그 얽힘과 부딪힘의 방식은 반세기 전과 다르지 않다. 현재 벌어지고 있는 굵직한 사건들을 그 틀에서 해석하면 혼란스럽게만 느껴지던 국제 뉴스에서 어떤 것이 뼈대에 해당하고 어떤 것이 가지인지, 어떤 것이 해프닝인지 구분하게 된다. 어디가 전략적으로 중요한지, 우리가 해야 하는 일이 무엇인지도.

한국의 20세기는 그 틀, 그 힘들과 따로 떼어 생각할 수 없고, 한국의 21세기도 마찬가지다. 한국사는 늘 '글로벌'했고, 20세기에는 매우 그랬다. 21세기도 그러할 것이다. 1970년대 북한이 판문점에서 도끼 만행 사건을 벌였을 때 중국은 왜 북한을 지지하지 않았나? 그때 중국의 원한 것과 두려워한 것은 무엇이었나? 중국의 욕망과 두려움이 변하지 않았다면 2020년대에 북한에게는 어떤 선택권이 있는가? 김정은이 민족통일을 포기한 걸 우리가 왜 반기지 않고 경계해야 하는가? 중국과 대만 사이의 갈등이 고조될 때 주한미군과 주일미군의 역할은 무엇이고 이는 트럼프 2기 행정부의 외교 정책과 무슨 관련이 있을까? CIA는 왜 6.25 전쟁이 일어날 걸 예측하지 못했고, 그 사실이 한국의 국정원에 시사하는 바는 무엇인가? 한국의 20세기가 세계와 얽히고 부딪힌 과정, 그리고 한국의 21세기가 처한 상황을 베테랑 기자이자 성실한 역사학도인 저자가 통찰력 있게 분석한다. 흥미진진한 스토리텔링은 덤이다.

장강명
소설가

머리말

　초등학생 때 영화 〈빽투더퓨처〉(1985)를 극장에서 재밌게 본 기억이 있습니다. 주인공이 과거로 돌아가 무심코 행한 가벼운 행위가 나비효과를 일으키며 현재와 미래를 송두리째 뒤바꿔 놓는다는 설정이 흥미로웠습니다. 인과관계 혹은 우연의 연속으로 이뤄진 시간은 사람이 실존하는 공간과 엮여 삶을 규정합니다. 재미있는 건 일견 우연인 것처럼 비치는 사건들이 실은 인과관계로 엮인 '필연'인 경우가 많다는 사실입니다. 역사 기술記述이란 우연으로 보이는 개별 사건들을 하나로 꿰어 인과관계를 파악해보려는 시도가 아닐까요.

　신문사에서 문화재, 학술 담당 기자로 오래 일하면서 역사 분야에 대한 관심의 끈을 놓치 않을 수 있었습니다. 초기에는 경주, 부여, 공주 등 고도(古都) 주변의 발굴 현장을 집중적으로 취재하며 고대사 관련 기사를 쓰고, 이를 엮어 2019년에 책 《국보를 캐는 사람들》을 펴냈습니다. 2차 사료인 삼국사기, 삼국유사 외에 1차 사료가 전무한 한국 고대사에서 물질

문화를 통해 역사의 궤적을 추적하는 고고학 분야는 비전문가인 제게 매력적으로 다가왔습니다. 역사에 대한 관심은 대학원에서 동아시아 냉전사를 연구하면서 점차 근현대사로 확장되어 갔습니다.

  그 와중에 신종대 북한대학원대 총장님의 소개로 세계적인 냉전사 연구자 오드 아르네 베스타의 《냉전의 지구사》를 읽고 신선한 충격을 받았습니다. 미소 냉전 구도가 제3세계에 영향을 미친 동시에 역으로 제3세계도 미소 냉전 구도에 영향을 미쳤다는 저자의 주장은 한국 현대사를 바라보는 새로운 관점을 제시해주었습니다. 예를 들어 내전으로 시작해 국제전으로 확대된 한국전쟁은 미국의 초기 대(對) 소련 봉쇄정책의 강한 영향을 받았습니다. 동시에 미국이 초강대국으로 부상한 2차 세계대전 이후 승리하지 못한 첫 전쟁이었다는 점에서 미국에 미친 파장도 컸죠. 한국전쟁에 이어 미국에 큰 시련을 안겨준 베트남전쟁은 미국에 고립주의 외교를 가져와 주한미군 감축이라는 나비효과를 일으켰습니다. 이는 북한과 첨예한 갈등을 벌이며 대치 중이던 박정희 정부에 안보 위기를 초래했고, 결국 핵개발로 이어졌습니다. 이처럼 미소 냉전과 한국 현대사는 상호 영향을 주고 받으며 전개됐습니다.

  냉전이 미친 세계사적 흐름은 지금 우리가 살고 있는 21세기에도 여전히 영향을 미치고 있다는 게 제 생각입니다. 혹자는 냉전이 종식된 유럽과 달리 남북한 분단과 양안(중국-대만)

갈등이 벌어지는 동아시아에선 냉전 구조가 남아있다고 말합니다. 그러나 정도의 차이는 있겠지만 서구도 20세기 냉전의 유산에서 자유롭지 못합니다. 2022년 블라디미르 푸틴 러시아 대통령이 NATO(북대서양조약기구)의 동진을 묵과할 수 없다며 우크라이나를 상대로 벌인 전쟁이 대표적입니다.

결국 21세기 한국과 세계에서 벌어지고 있는 다양한 사건의 맥락을 깊이 있게 이해하려면 그 안에 내재된 20세기 글로벌 냉전사의 흐름을 파악하는 게 중요합니다. 지금 한반도에서 일어나고 있는 일들도 냉전시대와 맞닿아 있는 세계사적 맥락에서 바라봐야 올바로 이해할 수 있다는 얘기입니다.

이런 관점에서 시시각각 쏟아지는 뉴스 속의 역사적 맥락을 파악하고, 미래에 대한 인사이트를 찾아보자는 취지로 2023년부터 〈김상운의 빽투더퓨처〉라는 온라인 기사를 연재했습니다. 마침 몸담고 있는 신문사의 국제부 데스크로 지난해 말 발령받아 해외 각국의 움직임을 들여다 볼 수 있는 기회가 생겼는데, 이를 바탕으로 연재 내용을 대폭 수정해 이 책을 내놓게 되었습니다. 특히 올 초 도널드 트럼프 미국 대통령 재취임 후 야근을 밥 먹듯 하게 됐지만, 덕분에 '미국 우선주의' 여파를 책 곳곳에 반영하는 계기가 되었습니다.

아무쪼록 역사와 뉴스에 관심이 많은 독자 여러분께 이 책이 흥미롭게 읽히기를 바랄 뿐입니다. 학부 때 외교정책론 수업에서 만나 귀중한 추천사를 써주신 박인휘 이화여대 국제대학원장님과, 대학원에서 열정적인 수업을 통해 국제정치를 바라보는 시각을 일깨워주신 김정 북한대학원대 교수님, 기자 선배로 인연을 맺어 바쁜 작품활동 와중에도 흔쾌히 추천사를 써주신 장강명 작가님, 책의 완성도를 높여주신 윤주용 초록비책공방 대표님께 감사의 말씀을 전합니다. 마지막으로 2020년 코로나19 팬데믹을 뚫고, 불혹을 넘긴 필자에게 선물처럼 찾아온 막내 이현에게 이 책을 바칩니다.

2025년 11월
저자

차 례

추천사 … 5
머리말 … 10

1부. 고래 싸움에 새우등 터지나, 미중 갈등과 한반도

1장 — 미국은 왜 한국전쟁에 개입했나 …………………… 18
2장 — 미중 갈등은 왜 북한의 무력도발을 자극하는가 …… 30
3장 — 중국이 인천상륙작전 기념에 발끈한 이유 ………… 41
4장 — 미중 반도체 전쟁 속 한국의 생존 전략 …………… 52
5장 — 중국-대만 전쟁이 한반도에 미치는 파장 …………… 65
6장 — 위험한 동거, 북러 밀착 어떻게 볼 것인가 ………… 74
7장 — 가까이하기엔 너무 먼 북중 관계 ………………… 88
8장 — 싱하이밍 논란과 '중국 패권주의' 역사 …………… 98
9장 — 키신저의 현실주의가 미국 외교에 남긴 유산 …… 108

2부. 롤러코스터 남북한 관계사

- **10장** — 한국-쿠바 수교와 남북한 외교 전쟁 ················ 122
- **11장** — 김정은 '민족통일 포기'의 역사적 의미 ············ 132
- **12장** — 북 비핵화 협상과 제2차 세계대전의 교훈 ·········· 139
- **13장** — 김주애 등장과 북한 세습통치의 미래 ············· 152
- **14장** — 프리고진 반란과 북한의 군부 분리 지배 ·········· 164

3부. 냉정과 열정 사이, 애증의 한미 관계

- **15장** — 일제강점기 이승만의 대미 외교전 ················ 174
- **16장** — 벼랑 끝 전술로 쟁취한 한미상호방위조약 ·········· 187
- **17장** — '서울의 봄' 미국은 왜 전두환을 용인했나 ·········· 198
- **18장** — 주일미군 강화가 한반도 안보에 미치는 영향 ········ 208

4부. 정보는 국력, 주요국 정보 실패의 역사

- **19장** — 세계 최강 이스라엘 정보기관은 왜 무너졌나 ······· 220
- **20장** — 반복되는 국정원 인사 파동, 원인과 해법은? ········ 232
- **21장** — 수미 테리 사건과 '동맹국 첩보전'의 역사 ··········· 243

참고 문헌 ··· 253

1부
고래 싸움에 새우등 터지나, 미중 갈등과 한반도

1장

미국은 왜
한국전쟁에 개입했나

2024년 노벨문학상을 수상한 소설가 한강의 2017년 미국 뉴욕타임스 기고문을 놓고 논란이 인 적이 있습니다. 한국전쟁이 미소 간 '대리전proxy war'이었다는 표현을 두고 김일성의 전쟁 책임을 희석시켰다는 비판이 제기된 겁니다. 한국전쟁이 내전이었느냐 국제전이었느냐, 아니면 이 둘의 혼합이었느냐 등 전쟁의 성격을 둘러싼 논란이 종전 후 70여 년이 흘러도 여전히 현재 진행형입니다. 그만큼 한국전쟁이 한국 현대사, 나아가 동아시아 현대사를 규정한 핵심 변수이기 때문이죠. 더구나 지금의 세계정세를 관통하는 미중 갈등도 한국전쟁에 그 시원을 두고 있습니다(2차 세계대전 종전 이후까지도 친밀했던 미중 관계는 마오쩌둥의 국공 내전 승리와 한국전쟁을 거치면서 적대적 관계로 바뀌게 되었습니다). 한국전쟁이 어떤 전쟁이었고, 그것이 현재까지 어떤 영향을 미치고 있는지 살펴봐야 하는 이유입니다. 한국전쟁을 이해하기 위해 반드시 짚어봐야 하는 제2차 세계대전 직후로 시계를 돌려보겠습니다.

동지에서 적으로… 미국의 소련관(觀) 변화

2차 세계대전 종전 직후인 1945년 미국에서는 나치에 맞서 함께 등을 맞대고 싸운 소련의 실체를 놓고 논란이 벌어집니다. 전후 문제를 처리하기 위한 1945년 2월 얄타회담 이전까지만 해도 미국은 나치 패망 후에도 유럽에서 소련과 공존할 수 있다는 희망을 품고 있었죠. 아직 일본이 무너지기 전이었기에 극동지역에서 소련의 군사적 도움이 필요한 현실적인 이유도 있었습니다.

미국식 이상주의와 도덕 원칙에 따라 전후 문제를 처리하고자 한 프랭클린 루스벨트(1882~1945) 미국 대통령은 국가 간 힘의 균형을 중시하는 유럽의 전통적인 '현실주의 외교'를 거부합니다. 대신 유엔 중심의 집단안보 collective security, 즉 외부의 안보 위협에 대해 여러 국가가 함께 대응하는 것으로 평화를 보장하려는 생각이 강했습니다.

그런데 여우처럼 눈치가 빨랐던 윈스턴 처칠 영국 총리는 동유럽으로 세력권을 넓히고자 한 스탈린의 속내를 정확히 꿰뚫어 보고 있었죠. 처칠은 소련이 나치의 군사적 압박에서 완전히 해방되기 전, 중부 및 동부 유럽에서 자유진영의 세력권을 구축해 스탈린의 야욕을 꺾어야 한다고 봤습니다. 자유진영 대 공산진영 사이의 '힘의 균형'을 이루려 한 전형적인 현실주의 외교관(外交觀)입니다. 전후 소련을 집단안보의 파트너로 품으려 한 루스벨트는 처칠의 주장이 소련과의 불필요한 갈등을 야기할 수 있다며 거부하죠.

하지만 처칠의 우려는 곧 현실화합니다. 스탈린이 동유럽 공산화를 목표로 헝가리, 불가리아, 폴란드 등에서 잇따라 공산주의 독재정권 수립에 나선 겁니다. 소련은 인민들의 지지를 얻기 위해 민족주의자 등 좌우를 망라한 연립정권을 세운 뒤 테러 등을 통해 반反 공산주의 세력을 제거 혹은 흡수하는 과정을 거칩니다. 공산당 특유의 기만 전술인 이른바 '사이비 연립단계'를 거쳐 공산주의 독재 정권을 세운 겁니다.●

여기에 스탈린이 전후 대미(對美) 협상력을 높이기 위해 독소전쟁(2차 세계대전 중인 1941년 6월 나치 독일이 불가침 조약을 깨고 전격적으로 소련을 공격해 발발한 전쟁) 이후 극도로 취약해진 국

● 소련의 이 같은 공산화 방식은 북한에도 적용됩니다. 일제 패망 직후 한반도에 진주한 소련군은 조선건국준비위원회(건준) 대신 임시정치위원회를 세우고 위원장에 민족주의자 조만식을 추대하는 등 민족주의 세력을 적극 끌어들입니다.

1945년 2월 얄타회담에 참석한 윈스턴 처칠, 프랭클린 루스벨트, 이오시프 스탈린(앞줄 왼쪽부터). 스탈린의 동구권으로 세력권 확장이 본격화 된 얄타회담은 냉전의 서막을 연 것으로 평가된다. (출처: 미 국립문서기록관리청(NARA))

력을 가리려고 소련의 군사력을 과시하며 공세적 자세를 취한 것도 미국의 대(對) 소련 위협 인식에 영향을 미칩니다. 스탈린의 허장성세는 미국이 핵무기를 독점적으로 보유한 상황에서도 계속됩니다. 1945년 6월 포츠담회담에서 트루먼 대통령이 핵무기 개발 사실을 넌지시 알리자 스탈린은 "개발 소식을 기쁘게 생각하며 핵무기가 일본에 쓰이기를 바란다"며 별것 아닌 것처럼 응수합니다.

하지만 사실 소련은 미국, 영국 내 스파이들을 통해 미국의 핵무기 개발 상황을 정탐하며 핵개발에 나서는 등 긴장한 상태였죠. 미국에 꿀리는 모습을 보이지 않고 중부 및 동부 유럽에서 세력권을 양보하지 않기 위해 일부러 '센 척'을 한 겁니다. 문제는 미국이 스탈린의 말을 곧이곧대로 믿었다는 겁니다. 당시 미국은 전략폭격을 제외하면 유럽 대륙에서 소련의 육군력이 서방보다 우세하다는 시각을 갖고 있었습니다. 하지만 탈냉전 이후 공개된 자료들에 따르면 2차 세계대전 종전 직후 미국의 종합 군사력은 소련을 크게 능가했던 것으로 밝혀졌습니다.

서구 자본주의 국가들이 해외 시장 이권을 둘러싸고 3차 세계대전을 벌일 거라고 본 스탈린의 마르크스주의 혁명관도 미국과 대결 구도를 형성한 요인이 됐다는 분석도 있습니다.

냉전시대 연 '봉쇄정책'의 기원

미국이 스탈린의 공세적 태도에 당황한 가운데 소련 대사관에서 근무하던 주니어 외교관의 보고서 한 통이 워싱턴에 큰 파장을 일으킵니다. 소련 봉쇄정책의 효시가 된 조지 케넌(1904~2005)의 1946년 2월 보고서 'The long telegram(긴 전보)'입니다.

케넌은 제정시대까지 소급해 러시아의 역사 전통에 대한 깊이 있는 분석으로 보고서를 시작합니다. 그는 러시아가 몽골족 등 아시아 유목민의 침략에 시달리며 형성된 불안이 유럽

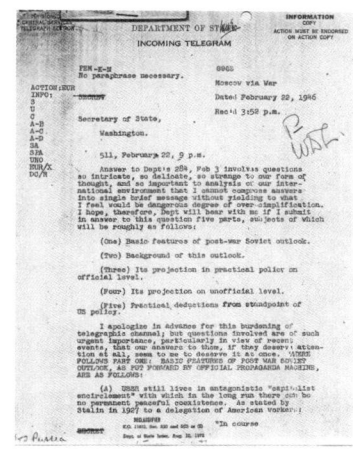

모스크바 주재 미국 외교관이던 조지 케넌(왼쪽)이 1946년 2월 미 국무부에 보낸 보고서 'The Long Telegram'(오른쪽). 이 보고서는 전후 미국 대소련 봉쇄정책의 이론적 기반을 제공했다. (출처: 우드로윌슨센터)

부터 중앙 및 극동아시아에 이르는 거대한 영토 확장을 불러왔다고 말합니다. 제정 러시아 시절 귀족들이 프랑스어를 공용어처럼 사용한 데서 알 수 있듯 근대화 과정에서 서구에 뒤처진 열등감도 러시아의 불안을 더했다는 겁니다. 케넌은 거대한 영토와 인구를 아우르며 전제정을 유지하기 위해 외국으로부터 위협을 조장한 제정러시아의 행태가 소련의 사회주의 독재체제에도 고스란히 이어졌다고 봤습니다. 이처럼 소련의 팽창주의는 체제 내부에서 비롯된 것이라는 게 그의 결론이었습니다. 따라서 자유 민주주의 질서에 뿌리를 둔 미국은 근본적으로 소련과 양립할 수 없다고 봤습니다. 케넌은 미국이 소련과 기나긴 투쟁에 나설 채비를 갖춰야 한다며 대 소련 봉쇄정책의 필요성을 강조합니다.

이에 대해 미중 데탕트(1970년대 미국과 중국이 적대 관계를 청산하고 화해로 나아간 사건) 주역인 헨리 키신저(1923~2023) 전 미 국무장관은 케넌의 견해가 미국의 전통적인 이상주의 외교 원칙과 부합한다고 평가했습니다. 세력균형을 통한 공존보다는 자유를 억압하는 소련 체제 자체의 붕괴를 추구했다는 이유에 서입니다. 어찌 보면 과거 미국이 핵무기로 '벼랑 끝 외교'에 나선 북한에 대해 정권 교체를 검토한 행태와 일맥상통합니다. '타협은 없다. 전부 아니면 전무 all or nothing'라는 식이랄까요. 이는 유럽 대륙에서 끊임없이 힘의 균형을 추구하며 잠재적 적국들과 공존을 추구한 영국과 비교되는 대목입니다. 독일, 프랑스 등 주변 열강들과 해협 하나를 사이에 두고 대치한 영국은 이들을 압도하는 국력을 보유한 적이 없기에 항상 타협할 수밖에 없었습니다. 반면 대서양과 태평양이라는 광대한 바다로 둘러싸여 유럽, 아시아 대륙과 분리된 '천혜의 요새' 미국은 주변에 필적할 강대국도 없었기에 '전부 아니면 전무' 식의 외교를 구사할 수 있었죠.

케넌의 주창으로 트루먼 행정부가 채택한 대 소련 봉쇄정책을 놓고 미국 내에선 다양한 비판이 제기됩니다. 미국 언론인 월터 리프먼(1889~1974) 등 현실주의자들은 봉쇄정책이 시간을 끌면서 미국의 국력을 서서히 소진시킬 수 있다고 경고합니다. 특히 소련의 도발로 미국이 멀리 떨어진 주변부 문제에 연루돼 국력을 낭비할 수 있다고 우려했죠. 사실 이런 그의 주장은 한국전쟁이나 베트남전쟁으로 어느 정도 현실화됐다고 볼 수 있습니다.

이에 리프먼은 미국이 주변부에서 힘을 빼지 말고 미국의 핵심 이익이 걸린 유럽에 집중해야 한다고 주장했습니다. 이에 따르면 미국 관점에서 지정학적 이익이 상대적으로 낮은 한반도에 개입한 것은 국력 낭비에 불과합니다. 현재의 우크라이나 전쟁에 미국이 개입하는 것도 리프먼의 관점에선 높은 점수를 받지 못하겠죠. 키신저는 실리를 쫓는 이런 시각이 미국의 도덕주의 외교 원칙과 부합하지 않는다고 봤습니다.

처칠은 미국 봉쇄정책의 전반적인 취지는 이해했지만 그 방법에 이의를 제기합니다. 소련이 무너질 때까지 무한정 시간을 보낼 게 아니라 미소 간 군사력 격차가 극대화된 시점(2차 세계대전 종전 직후)에 미국이 소련 견제에 적극 나서야 한다는 거였죠. 그는 소련이 경제적으로 안정화되고 핵무기 개발에 성공하면 미소 간 격차가 좁혀져 서방의 협상력이 점차 낮아질 거라고 예상했습니다(사실 이후의 역사를 보면 처칠의 예상이 거의 맞아떨어졌습니다).

키신저는 케넌의 소련 인식이 정확했다고 봤지만 방법론에 있어서는 처칠의 손을 들어줬습니다. 리프먼의 예견대로 봉쇄정책이 미국의 국력을 소진시킨 측면이 있고 특히 베트남전쟁에 와서는 국내 여론을 분열시키고 미국의 안보 보장에 대한 신뢰를 떨어뜨렸다는 겁니다.

키신저가 본 한국전쟁의 원인

키신저는 미국과 공산권이 상대방의 의도를 잘못 판단하면서 냉전시대 첫 열전인 한국전쟁이 발발한 측면이 있다고 봤습니다. 우선 소련은 국공 내전(1945~49년 마오쩌둥이 이끄는 중국 공산당과 장제스가 이끄는 국민당이 벌인 전쟁)에서 중국 공산당의 승리를 사실상 묵인한 미국이 상대적으로 전략적 가치가 떨어지는 한반도의 내전에 개입하지 않을 거라고 판단했습니다. 이에 대해 키신저는 자신의 저서 《Diplomacy》에서 "미국에게는 침략에 대한 저항이라는 도덕적 의무가 전략적 이익보다 더 큰 비중을 차지한다는 사실을 소련이 제대로 이해하지 못했다"고 지적합니다.

당시 스탈린의 맞상대였던 트루먼은 철저한 반공주의로 무장한 인물이었습니다. 그는 상원의원 시절 독소전쟁이 일어나자 "만약 독일이 이기고 있는 것처럼 보이면 우리가 소련을 도와줘야 하고 소련이 이기고 있다면 우리가 독일을 도와줘야 한다. 그런 식으로 둘이 서로 최대한 많이 죽이게 해야 한다"고 말할 정도로 소련을 혐오했습니다. 그는 소련 사회주의 독재체제가 나치 못지않게 도덕적으로 타락했다고 봤죠. 트루먼이 주일미군을 한국전쟁 발발 이틀 만에 한반도로 급파하는 결정을 전격적으로 내린 건 북한의 등 뒤에 소련이 있다고 봤기 때문입니다. 당시 주일미군은 2차 세계대전 종전으로 병력이 대폭 감축된 데다 훈련도 부족했지만 파죽지세로 밀고 내려오는 공산군을 막기 위해 서둘러 한반도로 향합니다.

사실 미국을 한국전쟁에 끌어들인 건 미국의 도덕주의 외교 정책이었다고 볼 수 있습니다. 전쟁 발발 2개월 전에 작성된 미국 국가안전보장회의NSC 보고서NSC-68에서 이를 확인할 수 있죠. 당시 미국의 냉전 전략을 규정

미국 국가안전보장회의(NSC)가 한국전쟁 두 달 전 작성한 'NSC-68' 보고서. 도덕주의 외교원칙을 규정한 이 보고서는 한국전쟁에도 상당한 영향을 미쳤다. (출처: 미 국립문서기록관리청 (NARA))

한 이 보고서는 체코슬로바키아 공산화를 언급하며 "자유로운 정치제도가 패배한다면 모든 곳에서 패배하는 것이다. 체코슬로바키아 붕괴에서 우리가 받은 충격은 이 나라가 지닌 물질적 중요성의 잣대로 잴 수 있는 게 아니었다"고 평가했습니다. 체코 공산화를 막지 못한 것에 대한 미국의 반성은 곧 한반도에서 공산진영의 무력 침략을 방관할 수 없다는 판단으로 이어집니다.

그런데 한국전쟁 발발은 미국의 오판에서 비롯된 측면도 있습니다. 미국이 유럽 중심의 봉쇄정책에만 정신이 팔려 아시아 등 주변부에서 공산진영의 도발을 예상치 못했기 때문입니다.

한국전쟁 발발 5개월 전 딘 애치슨 미 국무장관이 소련에 맞서는 태평양 지역의 방위선(일명 '애치슨 라인')을 발표하면서 한국과 대만을 제외한 것도 미국의 안일한 인식을 보여주는 사례로 거론됩니다. 이는 스탈린과 김일성이 남침 시 미국의 무력 개입이 이뤄지지 않을 거라고 오판한 근거가 되죠.

소련, 중국 등 공산진영이 자유진영에 대한 총공격의 서막으로 한국을 침략한 걸로 본 트루먼 행정부의 오인이 과잉 대응으로 이어지면서 중국의 개입을 초래했다는 시각도 있습니다. 한국전쟁 발발 직후 미국이 7함대를 대만 해역으로 급파하고 베트남 독립전쟁을 무력으로 대응한 프랑스에 군사 원조를 해준 게 대표적입니다. 2차 국공 내전에서 막 승리한 직후였던 마오쩌둥에게 미국의 이런 대응은 아시아에서 중국을 포위해 장제스의 본토 복귀를 도우려는 의도로 비쳤다는 겁니다. 키신저는 "마오쩌둥으로서는 만약 한국에서 미국을 막지 못하면 중국에서 미국과 싸워야 할지도 모른다고 결론을 내릴 만한 충분한 이유가 있었다"고 말합니다.

사실 중국의 한국전쟁 참전 결정 시점과 동기에 대해서는 여전히 학계에서 의견이 분분합니다. 초기 북한군 주도의 전황이 일시에 뒤집힌 인천상륙작전을 참전의 계기로 보는 시각이 있고, 이미 그 전에 중국이 참전을 결정했다는 주장도 있죠. 당시 중국이 국공내전 직후여서 체제가 아직 불안정한 시기였다는 데 대해선 이견이 없습니다. 김동길 중국 베이징대 교수는 한국전쟁 당시 장제스가 재집권할 거라는 이른바 '변천(變天) 사상'이 기승을 부리자 미군이 38선을 넘기 전 마오쩌둥이 파병 의사를 김일성과 스탈린에게 전달했다고 주장했습니다. 다만 동유럽에서 세력 확장에 우선순위를 둔 스탈린이 미국의 손발을 동아시아에 묶어 놓기 위해 마오쩌둥의 조기 파병에 부정적이었다는 겁니다.

종합하면 2차 세계대전 직후 스탈린의 공세적 태도 등으로 인해 미국의 대 소련관이 적대적으로 바뀌면서 케넌의 봉쇄정책이 대두되었고 이는 한국전쟁에도 영향을 미쳤습니다. 특히 미국이 유럽 중심의 봉쇄정책에 몰두하고 있을 때 아시아 등 주변부에서 공산진영으로부터 일격을 당한 것이 한국전쟁이었습니다. 그런데 봉쇄정책을 낳은 미국의 도덕주의 외교로 인해 소련, 중국의 예상과 다르게 미국이 한국전쟁에 개입한 것은 역사의 '아이러니'라고 할 만합니다. 다음 장에서는 미국의 냉전 전략으로 인해 한국전쟁이 제한전쟁 limited war●으로 흐른 배경과 이로부터 18년 뒤 미국이 적국이던 중국과 화해 국면으로 나아간 과정을 살펴보겠습니다.

● 국력을 총동원하는 전면전에 미치지 않는 전쟁을 말합니다. 한국전쟁은 남북한에게는 전면전이었지만 미국에게는 제한전쟁에 해당했습니다.

2장

미중 갈등은 왜
북한의 무력도발을 자극하는가

　미국과 중국의 갈등이 격화된 가운데 2023년 12월 김정은 북한 국무위원장이 '적대적 두 국가론'(남북한을 통일을 지향하는 같은 민족 간 관계가 아닌 적대적 국가 관계로 규정한 정책)을 발표한 이후 한반도 긴장 수위가 높아졌습니다. 김정은은 노동당 회의에서 "남조선 전 영토 평정을 위한 대사변을 준비하라"고 지시하기도 했죠. 역사적으로 미중 관계는 남북 관계에 적지 않은 영향을 미쳤습니다. 예컨대 미중 관계가 원만할 때는 북한의 군사적 도발이 중국에 의해 억제됐습니다. 반대로 미중의 상호 불신이 컸던 1950년대에는 북한이 남침을 감행했죠. 왜 이런 현상이 벌어졌을까요.

　이를 이해하려면 한국전쟁에서 약 4만 명을 잃은 미국이

20년도 안 돼 중국과 전격적으로 손잡은 배경부터 짚어야 합니다. 2장에서는 한국전쟁이 소모적 제한전쟁으로 흐른 배경, 미중 갈등과 북한의 무력도발을 살펴보겠습니다. 역사를 잘 들여다보면 트럼프 2기 행정부 들어 한층 격화된 미중 갈등이 한반도 정세에 미칠 영향을 가늠해 볼 수 있습니다.

美 도덕주의 원칙이 제한전쟁 수렁으로

2차 세계대전 직후 소련에 대한 봉쇄정책을 추진한 미국은 도덕주의 외교 원칙에 입각해 한국전쟁에 개입합니다. 미국의 관점에서 지정학적 이익이 낮은 한반도에 굳이 개입하지 않을 거라고 본 공산진영의 예상을 깬 행보였죠. 미국의 전쟁 수행 방식도 도덕주의 외교 맥락에서 결정됩니다. 1, 2차 세계대전과 같이 국가끼리 군사동맹을 맺어 대항하는 유럽식 세력균형을 혐오한 우드로 윌슨, 프랭클린 루스벨트 대통령은 집단안보를 중시합니다. 편을 갈라 싸우기보다 침략국에 맞서 국가들이 힘을 합치는 제도로 안전을 보장하겠다는 거였죠. 이는 한국전쟁 때도 마찬가지였습니다.

미국은 한국전쟁 발발 직후 유엔 안전보장이사회를 소집하고 대북 군사 제재를 규정한 안보리 결의안 제1511호를 이끌어 냅니다. 당시 거부권을 쥔 소련의 유엔대사가 안보리 회의에 불참한 덕분이었죠. 이 결의안에 따라 미국 등 21개 연합국이 참전하면서 한국전쟁은 국제전 성격을 띠게 됩니다. 공산주의 침략국에 맞서 자유진영의 집단안보를 보장하겠다는 원칙을 내세운 거죠.

명확한 국가이익보다는 도덕주의 외교 원칙에 따라 뛰어든 전쟁인 만큼 미국에게 한국전쟁의 목표는 모호했다는 시각도 있습니다. 특히 1950년 10월 19일 중국이 참전한 직후 미국은 전면적 승리에서 한발 물러나 확전을 경계하는 자세를 취합니다. 2차 세계대전에서 미국 등 연합국이 나치의 무조건 항복과 완전 승리라는 목표를 추구한 것과 대비됩니다.

이와 같은 제한된 목표의 추구는 한국전쟁에서 미국이 소련의 능력과 의도를 과대평가한 영향도 컸습니다. 공산진영이 한반도를 기점으로 세계적 차원의 총공세를 계획하고 있다고 오판했다는 얘깁니다. 하지만 전후 소련의 실제 군사력은 미국보다 취약했기에 스탈린은 소련군의 한반도 파병을 회피할 정도로 확전을 두려워했습니다.●

미국의 제한전쟁 방침은 전선에서 교착 상태를 장기화해 소모전으로 흐르는 요인이 됐습니다. 이는 총사령관 더글라스 맥아더가 특히 우려한 부분이었죠. 그는 "군사작전을 자제한다

● 반면 스탈린은 중부 및 동부 유럽에서는 소련의 영향력을 확대하기 위해 공세적 태도를 보였습니다. 핵전쟁 위기로 치달은 '베를린 위기'가 대표적입니다.

고 확전 위험이 낮아지는 게 아니다. 오히려 교착 상태는 전쟁을 질질 끌기 때문에 더 위험해질 수 있다"고 경고했습니다. 맥아더는 만주지역 폭격 등 중국과의 전면전이 불가피하다고 봤지만 트루먼 대통령은 유럽에서 소련의 공세를 막는 게 우선이라고 생각했습니다. 결국 소련에 전면전의 빌미를 주면 안 된다는 트루먼의 강력한 방침에 부닥쳐 맥아더는 전쟁 도중 사령관에서 해임되는 불명예를 겪게 되죠.

미국이 전쟁 목표를 트루먼과 맥아더의 중간 지점에서 절충했다면 합리적이었을 거라는 시각도 있습니다. 인천상륙작전의 성공에 도취된 트루먼이 북중 접경지대인 압록강까지 미군이 진격할 수 있도록 허용한 게 패착이었다는 거죠. 헨리 키신저는 청천강과 함흥만을 잇는 선에서 미군이 진격을 멈췄다면 중국의 개입을 억제하면서 남북한 인구의 90%를 흡수하는 성과를 얻었을 거라고 주장합니다. 하지만 오랜 세월 백두산 등 청천강 이북 지역을 역사적 터전으로 삼아온 한국인의 입장에선 선뜻 받아들이기 힘든 대안입니다. 최근 트럼프 행정부가 우크라이나 전쟁 종전 해법으로 러시아에 점령당한 동부지역(돈바스)을 우크라이나가 스스로 포기할 것을 설득한 사실을 연상시키는 대목입니다. 강대국 중심의 현실주의 외교가 제3세계 각국의 역사적 맥락을 철저히 무시한다는 비판이 나오는 이유입니다.

중소 갈등으로 촉발된 미중 화해

한국전쟁에서 총부리를 맞댄 미중 사이에 훈풍이 불기 시작한 건 미국이 베트남전에서 출구전략을 모색하던 1970년대 초반이었습니다. 당시 미국은 언론인 월터 리프먼(1장 참고)의 예견대로 대소련 봉쇄정책에 발이 묶여 한국전쟁에 이어 베트남전쟁의 늪에 빠져 허우적거리는 상황이었죠. 핵심 전략 지역이던 유럽에서 소련과의 일전에만 몰두한 탓에 아시아에서 공산진영의 도발을 제대로 대처하지 못한 겁니다.

그런데 당시 수세에 몰린 미국에게 '기회의 창'이 열리기 시작합니다. 사회주의 대국 소련과 중국의 이데올로기 갈등이 마침내 국경에서 무력 분쟁으로 번진 겁니다. 1969년 봄 시베리아 우수리강 접경 지대에서 중소 군대 간 교전이 벌어져 사상자가 발생합니다. 당초 미국은 중국이 먼저 싸움을 걸었을 거라고 지레짐작했지만 소련과의 접촉 과정에서 새로운 사실을 알게 되죠. 소련 당국이 당시 교전 상황을 상세히 알려주면서 중국과 전면전이 벌어질 경우 미국의 대응 방향을 물어온 겁니다. 이에 미국 정보기관이 우수리강 일대를 샅샅이 조사한 결과 교전 지역이 소련의 보급기지와 가깝고 중국의 통신기지에선 먼 곳임을 알아냅니다. 소련이 먼저 도발했을 가능성이 높다는 정황이었죠. 게다가 7,000km에 이르는 중소 접경지대에 소련군 40여 개 사단이 무더기로 배치된 사실도 포착합니다.

1969년 3월 시베리아 우수리강 인근 접경 지대에서 중국군과 전투를 준비 중인 소련 병사들.
(출처: TASS)

사회주의 대국 간 전면전 가능성에 직면한 초유의 상황에서 리처드 닉슨 미국 대통령(1913~1994)은 미중 데탕트로 이어지는 결정적 조치를 취합니다. 중국을 공격하면 미국이 개입할 수 있다는 의사를 소련에 전달한 겁니다. 미소 간 세력균형을 위해서는 아무리 공산국가라도 중국이 소련에 점령되는 걸 막아야 한다고 본 거죠. 1969년 9월 5일 닉슨 대통령은 엘리엇 리처드슨 국무차관을 통해 "우리는 소련과 중국 간의 적개심을 우리에게 유리하게 활용할 생각이 없다. 두 공산주의 대국 간의 이념적 차이는 우리 관심사가 아니다. 하지만 이런 반복이 고조돼 국제평화와 안보를 심각하게 파괴하는 것에는 깊이 우려하지 않을 수 없다"는 메시지를 소련에 보냅니다. 한국전쟁 종전 후 약 20년 동안 외교관계를 단절한 중국에 대해 지원

1972년 2월 베이징을 방문한 리처드 닉슨 대통령(오른쪽)과 마오쩌둥 중국 주석. 닉슨은 중국을 최초로 방문한 미국 대통령이었다.
(출처: 미 국립문서기록관리청(NARA))

의사를 밝힌 겁니다. 이에 대해 미중 데탕트 주역인 키신저는 "미국이 전후 봉쇄정책과 결별하고 현실주의 세력균형 외교로 복귀한 상징적 조치"라고 평가했습니다.

미국은 소련으로 인해 안보 위기를 겪는 중국에 접근해 '이간책'을 씁니다. 1972년 2월 미국 대통령 중 최초로 중국을 방문한 닉슨 대통령은 저우언라이 중국 총리(1898~1976)를 만나 소련군의 중소 국경 배치 정보를 흘렸습니다. 그러곤 "소련이 서유럽 국가들에 맞서 배치한 군대보다 더 많은 병력을 중소 국경에 배치했다"고 말했죠. 사실 2차 세계대전 무렵만 해도 스탈린의 반대를 무릅쓰고 장제스를 카이로 회담에 초청할 정도로 본래 미중 관계는 우호적이었습니다. 하지만 한국전쟁 종전 후 열린 1954년 제네바 회의에서 존 포스터 덜레스 미 국무장관(1888~1959)이 저우언라이 중국 총리의 악수를 면전에서 거부할 정도로 양국 관계가 극도로 악화됐죠. 미국이 소련 봉쇄정책의 연장선상에서 중국을 세계 공산혁명에 골몰하는 국가라고 본 것도 영향을 미쳤습니다. 미국의 소련 전문가들은 미중 화해가 소련의 의구심을 키워 미소 관계를 악화시킬 거라고 주장했습니다.

그러나 닉슨 행정부는 이 같은 시각을 거부하고 철저히 세력균형 시각에서 중국에 접근하기로 합니다. 중국을 끌어들이는 것이 소련의 공세를 누그러뜨리는 데 도움이 될 거라고 본 거죠. 이런 예상은 적중했습니다. 1971년 7월 키신저의 중국 방문 전까지 소련은 1년 넘게 미소 정상회담을 지연시켰습니다. 회담 개최에 앞서 여러 조건을 내걸며 미국의 양보를 압박했죠. 하지만 키신저가 중국을 방문한 지 한 달도 안 돼 소련은 태도를 바꿔 닉슨을 모스크바에 초대합니다. 미중 화해에 자극을 받고 미국에 유화적인 자세로 신속히 돌아선 겁니다.

미중 갈등으로 고삐 풀린 북한의 '군사 모험주의'

미중 데탕트는 한반도 정세에도 큰 영향을 미칩니다. 닉슨은 1972년 중국 방문 당시 "중요한 건 미중 양국이 각자의 동맹국(남·북한)을 억지하기 위해 영향력을 행사해야 한다는 것이다. 한반도에서 전쟁이 다시 일어나서는 안 된다"고 말했습니다. 미중 양국이 각각 한미동맹과 북중동맹을 통해 남북한의 군사 도발을 억제하자는 거였죠. 닉슨과 동행한 키신저 역시 저우언라이에게 "미군이 주둔하는 한 남한이 군사분계선을 넘으려는 어떤 시도에 대해서도 미국은 협조하지 않을 것"이라고 약속했습니다.

중국은 미중 데탕트를 계기로 미국에 대한 위협이 크게 줄었습니다. 이에 따라 미국과 합의한 대로 제2의 한국전쟁을 막기 위해 북한의 무력도발을 억제하려고 했죠. 이에 따라 북한은 1976년 판문점 도끼만행 사건을 일으킨 직후 중국의 지지를 얻는 데 실패합니다. 미국을 바라보는 중국과 북한의 시각 차는 결국 양국 사이에 긴장을 초래했고 북한 외교에 제약을 가져왔습니다.

예를 들어 허담 북한 외상은 1973년 2월 중국을 방문해 미국과의 접촉 가능성을 타진해 달라고 저우언라이에게 요청했지만 돌아온 반응은 미지근했죠. 미국 역시 북한과의 직접 대화에 부정적이었습니다. 북한은 1974년 8월 키신저의 집무실을 방문한 바실리 풍간 루마니아 대통령 특사를 통해 접촉 의사를 재차 전달했지만 키신저는 "북미 대화의 성사 여부는 미국이 원하는지에 달렸다. 충분한 검토와 논의를 거쳐야 한다"며 부정적 태도를 보였습니다. 미중 화해 이후 북미 직접 대화

북한의 4차 핵실험 직후인 2016년 3월 김정은이 핵 탄두에 들어가는 원형 기폭 장치 앞에서 관계자들과 대화하고 있다. 미중갈등이 격화되면서 중국은 북핵을 사실상 용인하는 태도를 보이고 있다. (출처: 노동신문)

를 통해 새로운 국면을 조성하려고 한 북한의 시도가 양국 모두로부터 차단된 겁니다. 미국의 데탕트 외교는 중국뿐 아니라 소련에 대해서도 이뤄졌기에 중국과 소련 사이에서 등거리 외교를 이어온 북한의 외교 전략도 먹히기가 힘들었습니다.

반면 2000년대 들어 미중 갈등이 커지면서 북한과 중국은 미국에 대한 위협 인식을 고리로 탄탄한 관계를 구축할 수 있게 됩니다. 중국의 한반도 비핵화 방침에도 불구하고 북한은 2006년 이후 여섯 차례나 핵실험을 벌였지만 비교적 안정적인 관계를 유지했죠. 특히 트럼프 2기 행정부 들어 미중 무역 전쟁이 벌어지는 동안 북·중·러 정상들이 2025년 9월 중국 전승절을 맞아 천안문 망루에 나란히 오르는 등 눈에 띄게 밀착하고 있습니다.

지금까지 한국전쟁이 미국과 중국 간 제한전쟁으로 흐른 배경과 양국이 세력균형 관점에서 전격적으로 손을 맞잡은 미중 데탕트 과정을 살펴봤습니다. 닉슨은 2차 세계대전 후 미국을 강하게 옭아맨 봉쇄정책에서 벗어나 '현실주의 외교'에 입각해 중국과 화해를 추구했습니다. 미국과 소련 간 힘의 균형이 무너지는 걸 막기 위해 과거 교전한 공산주의 독재국가와도 협력한 겁니다. 이는 민주주의 가치를 지향하는 미국의 전통적 외교 방식과 대척점에 있는 결정이었습니다. 두 방식 중 무엇이 더 우월하다고 콕 집어 말하기는 어렵습니다. 다만 최근 커지는 미중 갈등의 근원에는 과거 소련에 대한 시각처럼, 중국의 사회주의 독재체제에 대한 미국의 뿌리 깊은 혐오가 자리 잡고 있다는 겁니다. 이는 미국의 도덕주의 외교 원칙과 맞닿아 있다는 점에서 과거 중소 갈등 같은 변수가 나타나지 않는 한 쉽사리 해결하기 어려운 문제일 겁니다. 트럼프 2기 행정부 이후에도 미중갈등이 지속된다는 전제 하에 추가 핵실험 등 북한의 무력도발 가능성을 더 철저히 대비할 필요가 있습니다.

3장

중국이 인천상륙작전 기념에 발끈한 이유

　2023년 9월 한국과 중국 정부 관계자들이 '인천상륙작전'을 두고 자극적인 설전을 벌였습니다. 9월 15일 인천상륙작전 73주년을 맞아 한국, 미국, 캐나다 해군이 함정 20여 척과 항공기 10여 대를 동원해 전승 기념행사를 열자 중국 국방부 대변인이 "미국이 동맹국들을 모아 중국의 문 앞에서 도발적인 군사 활동을 펼치고 있다. 좌시하지 않겠다"고 압박한 겁니다. 이에 박민식 당시 보훈부 장관이 "상대 국가에 대해 지켜야 할 선을 넘었다"며 맞받았죠.

　이른바 '전랑 외교'(戰狼外交, 늑대 전사 같은 외교란 뜻으로 시진핑 정권의 공격적인 대외 외교)를 펼치며 주변국에 막말을 서슴지 않는 중국인지라 그러려니 할 수도 있지만 인천상륙작전 행사에 유독 발끈한 이유가 궁금합니다. 역사상 최대의 상륙작전으로 꼽히는 '노르망디 상륙작전'과 비견되는 인천상륙작전의 역사를 들여다보면 그 해답의 단초가 보입니다. 그럼 시계를 1940~1950년대로 돌려볼까요.

인천상륙작전 직후 돌변한 마오쩌둥

1950년 9월 15일 오전 6시 33분 미군 제5해병 연대 제3대대의 월미도 기습으로 막이 오른 인천상륙작전은 한국전쟁의 흐름을 송두리째 바꿔 놓았습니다. 그전까지 유엔군은 북한군의 속도전에 밀려 전쟁 발발 한 달여 만에 수도를 빼앗긴 채 낙동강까지 후퇴한 상태였죠. 낙동강 전선 사수를 위해 유엔군이 '버티기'에 돌입한 절체절명의 위기였습니다. 그런데 인천상륙작전을 통해 북한군의 배후를 치면서 수도권과 낙동강 전선 양쪽에서 협공을 가하는 형국으로 전세가 바뀝니다. 특히 한미 해병대가 상륙 닷새 만에 한강을 건널 준비에 들어가는 등 순식간에 수도를 탈환하는 데까지 이릅니다. 전황을 뒤집으려면 상징성이 큰 수도를 점령해야 한다는 맥아더의 구상이 현실화된 거죠.

중국 최고 지도자 마오쩌둥은 인천상륙작전 직후 갑자기 태도를 바꿉니다. 북한군이 파죽지세로 승전을 거듭하던

인천상륙작전 당시 미 해병대 소속 발도메로 로페즈 중위가 상륙정에서 내리기 위해 사다리를 오르고 있다. 그는 이날 부하들을 구하기 위해 수류탄을 끌어안고 전사했다. (출처: 미 해군)

1950년 9월 15일 인천상륙작전 당시 미군이 전차상륙함(LST)에서 각종 무기와 물자를 하역하는 모습. 인천상륙작전은 한국전쟁에서 일종의 게임체인저 역할을 했다. (출처: 미 국립문서기록관리청(NARA))

3장. 중국이 인천상륙작전 기념에 발끈한 이유   **43**

1950년 7, 8월까지만 해도 마오쩌둥은 중국군의 조기 파병 의사를 김일성과 스탈린에게 전달했습니다. 하지만 미국의 동유럽 개입을 막기 위해 미국이 아시아에서 전쟁의 수렁에 빠져 있기를 원한 스탈린이 이를 즉각 받아들이지 않았습니다. 그런데 막상 9월 15일 인천상륙작전 직후 북한군이 수세에 몰리자 마오쩌둥은 온갖 핑계를 대며 파병 불가 의사를 밝힙니다. 심지어 유엔군의 38선 돌파가 임박한 10월 1일 스탈린과 김일성의 다급한 파병 요청에도 그는 3차 세계대전 가능성과 국내의 부정적 여론 등을 이유로 파병 불가를 통보하죠. 그러나 이후 유엔군이 압록강까지 진격하는 상황에 이르자 마오쩌둥은 마음을 돌려 10월 13일 참전을 결정하고 18개 사단 20만여 명의 중국군을 투입합니다.

상륙작전의 군사적 의미

바다를 건너 대규모 병력을 이동시키는 상륙작전은 예측 불가의 거대한 바다에서 펼쳐지기에 군사 전략적으로 매우 까다로운 작전에 속합니다. 2차 세계대전 때 유럽 대륙을 제패한 히틀러가 끝내 영국을 굴복시키지 못한 것이나, 대서양과 태평양에 둘러싸인 미국이 9.11 테러를 제외하곤 개국 이래 본토 공격을 당한 적이 없다는 것, 13세기 몽골의 동아시아 침공에서 일본 열도가 살아남은 것 모두가 '바다'라는 천혜의 장벽 덕분에 가능했습니다. 국제정치학자이자 군사 전략가인 존 미어셰이머가 "세계의 대부분이 바다로 덮여 있다는 사실은 어떤 국가가 지구 전체의 패권국이 되는 것을 거의 불가능하게 만든다"고 말한 이유입니다.

2차 세계대전 당시 나치에 맞서 15만 6,000명의 대군을 유럽 대륙으로 실어 날라야 했던 초유의 상황에서 처칠과 루스벨트의 고민은 깊어질 수밖에 없었습니다. 히틀러의 소련 침공으로 엄청난 피해를 입은 스탈린은 독일군을 분산시키기 위해 미영 연합군의 서부전선 진격(상륙작전)을 강력하게 요구했습니다. 하지만 양국이 이를 실천에 옮기는 데는 그로부터 1년이 넘는 긴 시간이 필요했습니다. 대규모 병력과 전차, 대포 등 중화기를 한꺼번에 실어 나를 수 있는 전차상륙함LST을 개발하고, 이를 수백 대 생산하는 데 적지 않은 시간이 걸렸기 때문입니다. 예컨대 수심이 얕은 연안에 침투하려면 LST의 바닥이 평평해야 하는데, 이러면 높은 파도가 칠 때 배가 쉽게 뒤집힐 수밖에 없죠. 이런 기술적 난관을 극복하기 위해 영미 양국 기술진이 노력한 끝에 바닷물을 채우거나 빼는 평형수 방식으로 무게 중심을 잡는 LST를 개발하는 데 성공합니다.

이에 비해 인천상륙작전은 한국전쟁 발발 후 불과 3개월 만에 전격적으로 단행됐습니다. 이것이 가능했던 데는 맥아더의 강력한 추진력도 있었지만 일제 패망 직후 미군이 한반도를 점령하기 위해 인천에 상륙한 경험도 한몫했죠. 당시 파악한 해안 지형도나 조류 데이터 등이 인천상륙작전에 중요한 참고 자료가 되었던 겁니다.

해안의 자연 조건도 상륙작전의 어려움을 가중시킵니다. 예컨대 밀물 때 상륙하면 기뢰 같은 수중 장애물에 당할 위험이 크고, 썰물 때 상륙하면 부대가 해변을 가로질러 이동하는 동안 적의 공격에 노출될 수밖에 없습니다. 그래서 노르망디 상륙작전 때는 달빛을 받으며 야간에 이동할 수 있는 시간까지 감안해 만조 3시간 전 상륙을 결정했죠. 특히 인천은 조수 간만의 차이가 크고 넓은 갯벌이 펼쳐지는 데다 해안이 상대적으로 협소해 상륙작전에 어려움이 컸습니다. 실제로 작전 당일 돌격용 장갑차들이 갯벌에 빠져 가까스로 우회 기동을 하는 등 난관에 부닥치기도 했죠. 상륙작전 장소로 인천을 지목한 맥아더의 결정에 미 합참이 반대하고 나선 이유입니다.

인천으로 결정되기까지

맥아더는 개전 초부터 인천상륙작전을 염두에 두고 있었습니다. 전국 도로와 철도가 집중된 서울이 북한군 병참선의 핵심인 데다 수도 점령의 상징성이 적군의 전투 의지를 무력화하는 데 주효할 거라고 판단했기 때문입니다. 이에 따라 전쟁 발발 한 달도 안 된 7월 22일에 미 해병대와 제1기병사단을 인천에 상륙시키는 '블루하트Blue Hearts' 작전 계획을 세웠습니다. 하지만 북한군의 남진이 전광석화처럼 이루어져 제1기병사단을 방어 전선에 투입할 수밖에 없게 되면서 7월 10일경 블루하트 작전을 접습니다.

    하지만 맥아더는 일거에 판세를 뒤집으려면 상륙작전이 반드시 필요하다고 보고 이를 다시 추진합니다. 미군 합동전략기획작전단은 인천, 군산, 진남포, 해주, 원산, 주문진 6곳의 상륙작전 가능성을 검토한 뒤 인천(100-B), 군산(100-C), 주문진(100-D) 상륙작전 계획을 각각 세웁니다. 이것이 그 유명한 '크로마이트Chromite(크롬철광)' 작전입니다. 크로마이트는 은백색의 광택이 나는 단단한 금속으로 제철 원료로 쓰이는 물질이죠. 미 합동참모본부는 인천상륙의 위험이 크다고 보고 이를 중단시키기 위해 육군 및 해군 참모총장을 맥아더에게 보냈지만 도리어 맥아더는 이들을 설득해 자신의 뜻을 관철합니다. 결국 미 제1해병사단이 1950년 9월 15일 인천에 상륙해 서울로 진격하는 동시에 낙동강 전선의 미 8군이 동시에 압박하는 합동 작전이 확정됩니다.

인천상륙작전 당시 함상에서 작전을 지휘하고 있는 맥아더 장군과 참모들. 성공적인 작전 결과에 다들 표정이 밝다.
(출처: 전쟁기념관)

한국전쟁 당시 압록강을 건너는 중국군 부대 행렬. 마오쩌둥의 참전 결정 배경이나 시점에 대해서는 여전히 다양한 설이 제기되고 있다.

인천과 노르망디 닮은꼴: 성공적 기만 작전

　인천이나 노르망디 상륙작전 모두 적군에 의해 어느 정도 예상됐다는 공통점이 있습니다. 하지만 정확한 시기와 장소를 예상하지 못했기 때문에 허를 찔린 거죠. 이것이 가능했던 건 상륙지가 아닌 엉뚱한 곳을 공격하거나 공격할 것처럼 속이는 '기만 작전'이 먹혔기 때문입니다. 한국전쟁에서는 인천 상륙 이틀 전 미군 함정이 강원도 삼척과 함경남도 마양도를 포격하는 등 동해안 일대로 적의 시선을 돌립니다. 통상 상륙 직전 해안지대를 향해 함포 사격을 가하는 수순을 감안한 거죠. 이와 함께 크로마이트 계획 중 한 곳이던 군산에 상륙한다는 역정보를 흘리고 이곳을 향해 함포 사격을 하기도 했습니다. 군산시민들을 대상으로 해안에서 대피하라는 전단을 살포하고 군산 주변 도로와 교량, 철도에 대한 공중 폭격도 실시합니다. 인천 상륙 바로 전날(9월 14일)에는 포항 북쪽 장사동에서 상륙작전을 벌여 100여 명의 아군 사상자가 발생하기도 했죠. 언론 보도도 이용했습니다. 10월 이후 인천에서 상륙작전이 실시될 수 있다는 전망 기사를 흘린 겁니다. 이는 작전 개시 일자를 속이는 동시에 언론에 공개된 인천은 상륙지가 아니라는 확신(역정보)을 적군에게 심어주기 위한 포석이었죠.

　2차 세계대전 때도 프랑스 노르망디로부터 북동쪽으로 약 300km 떨어진 빠드깔레 지역으로 상륙지점을 속이기 위한 기만 작전이 실시됩니다. 빠드깔레는 도버 해협에서 최단 거리에 위치한 곳이라 이전부터 유력한 상륙 거점으로 여겨졌죠. 연합군은 빠드깔레 맞은 편인 영국 켄트와 서식스 지역에 상륙부대를 집결시킨 것처럼 꾸미고 빠드깔레 등에 대한 항공정찰 횟수를 늘립니다. 이에 독일군은 노르망디는 연합군의 양동작전 대상에 불과하며 주력부대의 상륙지는 빠드깔레라고 믿게 됩니다. 결국 독일군은 노르망디가 아닌 빠드깔레에 대한 방어를 강화하는 결정적 실책을 범합니다.

인천과 노르망디 닮은꼴: 기습전 vs 소모전

　동서고금을 막론하고 전술은 적의 후방을 갑자기 때리는 '기습전'과 오랜 기간 정면전을 벌여 상대를 지치게 하는 '소모전'으로 크게 나뉩니다. 어느 것이 최적의 전술인지는 아군과 적군이 처한 상황과 조건에 따라 다릅니다. 상륙작전은 적의 후방을 갑자기 공격한다는 점에서 기습전에 가까운 전술입니다. 한국전쟁 당시 북한군은 낙동강 전선에서 정면전을 벌이며 장기간 대치하는 소모전을 추구합니다. 그런데 인천상륙작전이라는 기습전으로 불의의 일격을 당하자 저우언라이는 낙동강 전선의 북한군 병력을 줄여 서울로 투입하고 나머지 부대들도 북쪽으로 이동시켜 새로운 방어선을 구축하라고 북한에 권고하죠. 일시 후퇴를 통해 차후를 기약하자는 현실론이었는데, 김일성은 정반대 선택을 합니다. 낙동강 전선에 대한 미련을 버리지 못하고 기존의 소모전을 계속 유지한 겁니다. 이는 결국 서울 탈환에 이은 연합군의 포위 및 북진이라는, 북한으로선 재앙적인 결과로 이어지게 됩니다.

제2차 세계대전에서도 비슷한 상황이 벌어집니다. 당시 소련과 동부전선에서 소모전을 벌이던 독일군은 노르망디 상륙작전에 따른 연합군의 기습으로 후방이 위태롭게 됩니다. 이에 1944년 6월 17일 히틀러는 프랑스 수아송 근처에서 서부전선 사령관 롬멜, 룬트슈테트를 불러 긴급회의를 엽니다. 이 자리에서 두 장군은 병력을 동쪽의 센강으로 일단 후퇴해 강력한 방어선을 구축하자고 제안하죠. 하지만 히틀러는 프랑스 서부지역을 한 뼘도 포기할 수 없다며 이를 거부해 화를 키웁니다.

인천이나 노르망디 상륙작전 모두 기습전을 당한 상대국 지도자가 앞선 승리에 젖어 기존 전술을 고수하다 크게 패했습니다. 한국전쟁에 개입한 중국은 북한이라는 완충지대를 얻는 대신, 대만 수복의 기회를 잃고 이후 미중 수교까지 20년 넘게 서방으로부터 고립돼 저성장의 늪에 빠지게 됩니다. 코앞에서 핵실험을 벌이며 수십 년간 원조를 받아 가는 '골칫덩어리' 동맹을 얻은 건 덤이었죠. 이런 측면에서 중국이 한국전쟁의 결정적 전환점이 된 인천상륙작전에 민감한 반응을 보이는 건 어쩌면 당연한 일인지 모르겠습니다.

4장

미중 반도체 전쟁 속 한국의 생존 전략

"바이든 행정부의 대중(對中) 수출통제가 효과적으로 작동한 결과 중국의 반도체 기술 수준은 미국에 비해 수년 뒤처졌다."

지나 러몬드 미국 상무장관이 2024년 4월 CBS와의 인터뷰에서 대중 수출 제재 강화를 시사하면서 한 말입니다. 앞서 2023년 8월 미국 반도체 제재의 핵심 타깃인 중국 화웨이가 7나노 칩이 들어간 스마트폰(메이트 60 프로)을 출시해 미국을 놀라게 했습니다. 미국은 화웨이가 자국 안보를 위협한다며 미국산 기술이 들어간 부품이나 장비의 중국 수출을 막았지만, 화웨이는 보란 듯이 미국 예상보다 앞선 기술의 칩을 생산했죠. 트럼프 2기 행정부에 들어서는 AI 반도체 등을 중심으로 설계 소프트웨어 수출까지 막는 등 중국에 대한 반도체 규

조 바이든 미국 대통령이 2021년 4월 백악관에서 열린 '반도체 및 공급망 회복력에 관한 CEO 서밋'에 참석해 실리콘 웨이퍼를 들고 있다. (출처: AP 뉴시스)

미국의 수출통제에도 화웨이가 7나노 칩을 탑재해 2023년 8월 출시한 '메이트 60 프로' 스마트폰. 이른바 '화웨이 쇼크'에 미국 정부는 대 중국 반도체 통제를 한층 강화했다. (출처: 화웨이)

제를 한층 강화하고 있습니다.

갈수록 첨예해지고 있는 미중 '반도체 전쟁'은 중국의 대만 침공 가능성과 맞물려 한층 복잡한 양상을 띠고 있습니다. 세계 반도체 파운드리(위탁생산) 분야에서 압도적 1위를 차지하고 있는 대만 TSMC가 양안 전쟁(중국과 대만의 전쟁)으로 가동을 멈추면 글로벌 경제에 큰 충격을 줄 수밖에 없기 때문입니다. 그렇다면 반도체 분야에서 미국이 추구하는 중국 고립은 과연 실현 가능하고 중국의 기술 발전 속도를 늦출 수 있을까요?

美-동맹국 주도 반도체 공급망

요즘 미국의 중국 고립화 전략을 가만히 보고 있노라면 냉전시대 국제무역이 연상됩니다. 당시 미국과 소련은 각자 자신의 진영 내에서 통상을 벌이는 폐쇄적 무역구조를 갖고 있었습니다. 예컨대 미국이 대규모 원조 계획인 마셜플랜으로 서유럽의 경제부흥을 이끌자 소련은 코메콘COMECON을 중심으로 공산권 국가 간 원조 경제체제를 구축합니다.●

2차 세계대전 직후부터 자본주의 진영과 경제적으로 분리된 소련과 달리 중국은 1970년대 경제개방부터 2001년 WTO 가입에 이르기까지 미국 주도의 글로벌 경제 시스템에 오랫동안 참여했습니다. 그만큼 중국은 세계경제와 깊숙이 연결돼 있기 때문에 첨단 제품이나 기술 공급에서 중국을 분리하기란 말처럼 쉽지 않습니다. 실제로 세계 경제가 2008년 글로벌 경제위기를 극복하고 고도성장으로 나아간 배경에는 거대 생산지이자 시장 역할을 해 온 중국의 역할이 컸습니다.

그런데도 미국이 중국에 대해 '반도체 전쟁'을 선포한 건 왜일까요? 그것은 극소수 기업들이 부품이나 소재를 독과점으로 공급하는 반도체 산업의 특성에서 비롯됩니다. 이걸 이해하려

● 당시 북한은 자립경제 노선을 추구하면서 소련의 코메콘 가입 제안을 거부했습니다. 이에 따라 소련 및 동구권 붕괴 당시 북한에 미친 경제·사회적 파급 효과를 완화할 수 있었다는 분석도 있죠.

면 반도체 제조 공정의 역사를 훑어볼 필요가 있습니다.

1947년 월터 브래튼과 존 바딘의 실험을 계기로 탄생한 반도체는 실리콘 기판(웨이퍼) 위에 최대한 많은 수의 트랜지스터를 올리기 위한 노력의 산물입니다. 이른바 집적회로integrated circuit가 그것입니다. 일종의 스위치 역할을 하는 트랜지스터가 켜졌다 꺼졌다를 반복하면서 정보(0 혹은 1의 2진수)를 전달하기에 기판 위에 얼마나 많은 트랜지스터를 올리느냐에 따라 비용 대비 성능이 결정됩니다. 최근에는 트랜지스터 크기를 눈에 보이지 않는 코로나 바이러스의 절반 수준으로까지 줄이면서 이들을 잇는 미세회로 기술(리소그래피)이 매우 중요해졌습니다.

문제는 현미경으로나 볼 수 있는 미세회로를 그리려면 자연계에는 존재하지 않는 10~100나노미터의 파장을 지닌 극자외선을 만들어 내야 한다는 겁니다. 그러려면 태양 표면보다 뜨거운 섭씨 50만 도의 플라스마 상태를 만드는 초고난도 공정을 거쳐야 하죠. 현재 극자외선 리소그래피 장비는 네덜란드의 ASML이 독점 생산하고 있습니다. 이 외에도 반도체 제조 소프트웨어는 미국과 독일에 있는 3개사가 시장을 나눠 갖고 있고, 반도체 파운드리(위탁생산)는 TSMC와 삼성이 양분하는 구조입니다. 이처럼 반도체 장비, 생산, 소재 등에서 극소수 기업이 독과점 지위를 갖고 있는데 흥미롭게도 이들 모두가 미국이나 동맹국(한국, 일본, 서유럽)에 본사를 두고 있다는 겁니다.

삼성전자가 중국 시안에서 가동 중인 반도체 공장. 미국의 대중 반도체 수출통제는 한국 기업에 상당한 타격을 줄 수 있다는 우려가 나오고 있다. (출처: 삼성전자)

이는 미국이 동맹국에 영향력을 행사함으로서 중국을 겨냥해 반도체 기술을 통제할 수 있는 배경이 됩니다.

실제로 최근 SK하이닉스가 중국 우시 생산공장에 극자외선 리소그래피 장비를 배치하려고 하자 미국 정부가 이를 막기 위해 압력을 넣었죠. 생산성과 직결되는 문제였지만 미국의 압박에 SK하이닉스는 결국 장비 반입을 포기했습니다. 경제적 상호의존이 무기화된 사례입니다. 일반적으로 각국이 경제교류를 통해 상호의존이 높아지면 전쟁 가능성이 낮아진다고 여겨집니다. 그러나 어느 순간 당사국 간에 갈등이 생기면 경제, 기술적 상호의존이 오히려 상대를 압박하는 카드로 이용됩니다. 현재 미국과 중국 사이에 벌어지고 있는 반도체 전쟁이 이런 경우에 해당됩니다.

공급망 상호의존, 미국에 부메랑될 수도

상호의존의 무기화는 미국에도 부메랑이 될 수 있습니다. 글로벌 반도체 시장에서 중국이 갖고 있는 최대 무기는 세계 최대 소비시장과 대만 침공 카드입니다. 미국 정부의 반도체 수출통제에 대해 엔비디아 등 미국 기업들이 반대하는 건 중국에서 거둘 수 있는 이익을 포기해야 하기 때문입니다. 미국 최대 반도체 장비회사인 어플라이드 머티어리얼즈는 정부 규제를 어기고 중국 기업SMIC에 제품을 판매한 혐의로 미 법무부 조사를 받기도 했죠.

사실 정부가 시장을 이길 수 있느냐는 고전적인 질문에 대해서는 회의적인 시각이 많습니다. 아무리 미국 정부가 반도체 규제를 전방위로 가해도 중국을 포함해 전 세계가 얽혀있는 글로벌 공급망을 100% 통제하기는 힘들다는 겁니다. 일례로 2020년 트럼프 1기 행정부가 화웨이를 안보의 적으로 규정하고 각국의 통신망 사업에서 화웨이를 배제할 것을 요구하자 영국 정부는 처음에 이를 거부했습니다. 당시 로버트 해니건 영국 정부통신본부GCHQ(신호정보를 담당하는 정보기관) 국장이 "서구가 중국의 기술발전을 억누를 수 있다며 스스로를 속이는 대신에 우리는 미래에 중국이 기술 강국이 되는 걸 받아들이고 그 위험을 지금부터 관리해야 한다"는 현실론을 폈죠. 제2차 세계대전 말기 핵보유국이 된 미국은 혈맹인 영국에도 핵기술 전수를 막았지만, 결국 영국은 물론 북한도 핵을 갖게 된 것처럼 기술개발을 영원히 틀어막을 순 없다는 견해를 밝힌 겁니다.

반도체 강국 연 미국의 기술이전

하지만 미국과 동맹국 간에 균열이 발생하지 않는 한, 가까운 미래에 중국이 미국의 반도체 기술을 따라잡는 건 쉽지 않아 보입니다. 이는 미국에 이어 반도체 강국으로 부상한 일본, 한국, 대만의 과거 사례를 보면 알 수 있습니다. 이 국가들 모두 정부와 기업의 부단한 노력이 빛을 발했지만 미국의 기술이전 없이 도약의 토대를 마련할 수 없었다는 공통점을 갖고 있습니다. 예컨대 삼성전자가 D램 시장의 강자가 될 수 있었던 건 미국 반도체 업계가 일본의 덤핑 판매로 위기에 처하자 그 대항마로 한국에 기술이전을 해준 영향이 컸습니다. 실제로 이병철 삼성 창업자가 1983년 2월 8일 반도체 산업 진출을 선언할 당시 미국 마이크론과 64K D램 설계 라이선스 계약을 체결할

이병철 삼성 창업자와 이건희 당시 부회장이 1983년 경기 용인 기흥에 지어진 64K D램 생산 라인을 둘러보고 있다. 첨단산업으로 꼽히는 반도체 분야에서 개도국이 진입한 첫 사례였다.
(출처: 삼성전자)

수 있었죠. 미국 반도체업계 대부인 고든 무어 인텔 CEO는 "가치 있는 반도체 기술을 외국에 쉽게 넘겨준다"고 우려했지만 일본의 저가 공세로 자금난에 시달리던 마이크론의 기술이전 결정을 되돌릴 순 없었습니다. 이와 더불어 미국 정부의 반(反) 덤핑 압박에 1986년 일본 정부가 D램 대미 수출량을 제한한 것도 삼성이 반도체 신화를 쓸 수 있었던 원동력이 됐죠.

흥미로운 건 미국의 대대적인 수출 통제로 화웨이의 스마트폰 출하량이 2020년 2분기 세계 1위(5580만 대)에서 이듬해 2분기 8위(980만 대)로 급락했지만 중국 정부가 즉각적인 보복에 나서지 않았다는 겁니다. 중국 정부는 자국 안보를 해치는

외국 기업에 대해 '신뢰할 수 없는 기업 명단unreliable entity list'
에 올리겠다고 공언했지만 실행에 옮기지 않았습니다. 아직 미
국 중심의 반도체 공급망을 벗어나 중국 기업들이 독자 생존할
수 있는 방도가 없다고 판단했기 때문일 겁니다.

한미 갈라치는 중국의 반도체 '쐐기 전략'

"쌍방은 반도체 산업 공급망에서 대화와 협력을 강화해 나가
기로 동의했다(双方一致同意加强半导体产业链供应链领域对话与合作)."
미중 반도체 전쟁이 한창이던 2023년 5월, 중국 상무부가
안덕근 당시 통상교섭본부장과 왕원타오 중국 상무부장이
APEC 장관급 회의에서 만난 직후 배포한 보도자료에 이런 문
장을 넣었습니다. 마치 의도한 듯 보도자료 끝부분에 '반도체'
공급망을 운운했죠. 학자들도 진의가 담긴 민감한 내용은 논
문 각주나 뒷부분에 넣곤 합니다.
하지만 같은 날 한국 산업통상자원부가 발표한 보도자료에
는 반도체의 '반'자도 나오지 않았습니다. 다만 "중국 측에 교
역 원활화와 핵심 원자재, 부품 수급 안정화를 위한 관심과 지
원을 요청했다"는 문구 정도가 담겼죠. 양자 회담에서 각국이
강조 내지 주장하는 바가 보도자료에서 다르게 표현되는 경우
는 왕왕 있습니다. 그런데 이 미묘한 차이를 자세히 살펴보면

각국이 원하는 것 혹은 원치 않는 것이 살짝 드러나죠. 다시 말해 당시 한중 장관급 회담에서 첨예한 이슈는 미중 갈등이 격화되고 있는 '반도체 공급망'이었던 겁니다. 양국의 이런 입장 차이를 두고 일부 국내 언론들은 미국의 압박으로 다급해진 중국이 반도체 강국 한국과 협력에 나섰다는 해석을 내놓았습니다. 과연 그럴까요?

중국의 반도체 수급이 급했다면 미국 반도체 제조사 마이크론을 제재한 사실이 잘 설명되지 않습니다. 마이크론의 중국 D램 시장 점유율(2022년 기준)은 14.5%로 삼성전자(43.2%), SK하이닉스(34.6%)에 이어 3위를 차지했습니다. 엔데믹 직후 반도체 수급 문제로 자동차 생산에 차질을 빚은 걸 고려하면 무시할 수 있는 물량은 아닙니다. 무엇보다 중국 상무부의 발표 시점이 예사롭지 않습니다. 마이크론 제재를 발표(2023년 5월 21일)한 지 일주일도 되지 않아 '반도체 공급망'을 언급했죠. 이는 마이크론 제재와 중국 상무부 발표에 어떤 연관성이 있을 가능성을 보여줍니다.

이런 측면에서 중국의 '갈라치기 전략'일 가능성이 농후합니다. 이번 건의 경우 중국은 마이크론 제재로 부족해질 중국 반도체 물량을 둘러싸고 한미 간 균열점을 만들어 놓았습니다. 실제로 미국 정부가 마이크론의 물량을 한국 반도체 기업이 채우지 말 것을 한국에 요청한 데 이어 미 의회 고위 인사도 이를 압박하는 발언을 공개적으로 했습니다. 2023년 5월 마이크 갤러거 미 하원 미중전략경쟁특위 위원장이 "미 상무부는 중국에서 활동하는 외국 메모리 반도체 회사에 대한 미국의 수출 허가가 중국의 경제적 강압을 경험한 한국이 마이크론의 빈자리를 채우는 데 backfilling 사용되지 않도록 해야 한다"고 했죠. 이런 상황에서 중국 상무부장이 한국 통상교섭본부장을 만나 반도체 공급망에서 협력을 운운한 건 미국의 반도체 규제를 둘러싼 한미 간 입장 차이를 부각하려는 의도로밖에 보이지 않습니다.

미국의 반도체 규제 방침과 관련해 한국 정부와 업계가 강력하게 반발하고 있다는 2023년 5월 26일자 〈월스트리트저널 WSJ〉 보도도 이런 맥락에서 예사롭지 않습니다. WSJ은 미국의 반도체법 시행으로 인해 대만과 더불어 중국에 대규모 사업장을 둔 한국의 타격이 특히 크다고 지적했습니다. 실제로 국책 연구기관인 KDI는 반도체법 등 미국, EU가 추진 중인 공급망 재편 전략으로 한국 경제 성장률이 최대 0.641% 감소할 수 있다는 분석을 내놓았습니다.

中 갈라치기 어떻게 대응하나

그럼 이런 중국의 갈라치기 전략에 대해 어떻게 대응해야 할까요? 동맹국과의 갈등을 최소화하는 선에서 국익을 지킬 수 있는 묘안을 짜내야 할 텐데 그게 말처럼 쉽지 않습니다. 하지만 상대국의 진의(이간책)를 꿰뚫고 있다면 과잉 반응을 자제하고 사태를 냉정하게 파악할 순 있을 겁니다. 서두의 마이크론 사태로 다시 돌아가 보죠. 중국의 마이크론 제재 이후 D램 시장의 공백을 우리 기업들이 채워야 했을까요? 그런데 바로 이런 질문이야말로 중국이 원하는 논리로 흐를 수 있습니다. 공백을 메운다면 미국의, 그렇지 않으면 중국의 심기를 건드릴 수 있으니까요.

    이런 이분법에서 벗어나 상황을 다시 살펴보겠습니다. 전문가들은 반도체 유통구조상 마이크론 물량을 대체한 주문의 공급품을 콕 짚어 판별하기는 힘들다고 말합니다. 예컨대 전자제품을 만드는 세트업체인 A사가 삼성전자, 미국 마이크론, 대만 난야테크놀로지의 반도체를 각각 주문해 사용한다고 가정해 보죠. A사가 어느 날 마이크론과 난야 부품을 줄이고 삼성 것을 늘리면 이것이 마이크론을 대체한 것인지, 난야를 대체한 것인지 모호합니다. 독점 시장이 아닌 이상 복수 제품들의 조달 현황을 꼬리표를 붙여 일일이 추적한다는 건 사실상 불가능에 가깝죠. 결국 한국 반도체를 둘러싼 미중 간 핑퐁 게임은 결국 '말 잔치'로 귀결될 가능성이 있습니다. 마이크론의 공백을 채우느냐 마느냐의 이분법에서 벗어나 상황을 관망하면서 조용히 대응할 필요가 있다는 지적이 나온 이유입니다. 중국의 갈라치기는 관세 인하를 조건으로 한국에 3,500억 달러 대미 투자 등을 압박하고 있는 트럼프 2기 행정부에서 더 노골화되고 있습니다. 2025년 9월 왕이 중국 외교부장이 조현 외교부장관에게 "일방적 강압이 만연한 상황에서 두 나라가 공동으로 무역 보호주의에 반대해야 한다"고 말한 게 대표적입니다. 중국의 갈라치기 전략에 걸려들지 않고 한미 동맹을 안정적으로 관리하면서 국익을 극대화하는 방안을 찾아야 할 때입니다.

중국-대만 전쟁이 한반도에 미치는 파장

2024년 1월 대만 총통 선거에서 반중, 친미 성향의 민진당 라이칭더 후보가 당선되면서 중국의 대만 침공 우려가 커졌습니다. 선거 직후 중국은 최대 명절인 춘절에도 항공기와 해군 함정, 감시 풍선 등을 대만 쪽으로 보내는 등 군사 압박의 강도를 높였죠. 미국은 "대만 독립을 지지하지 않는다"는 입장이지만 양안 전쟁이 터지면 개입할 가능성이 높다는 전망이 나옵니다.

양안 전쟁은 그저 강 건너 불 구경할 수 없는, 한반도 안보와도 직결된 사안입니다. 대만을 둘러싼 미국과 중국의 전쟁은 지리적으로 가까운 주일·주한미군 이동 배치로 이어질 가능성이 크기 때문이죠. 유사시 미군 대응에 혼란을 주기 위해

2025년 1월 라이칭더 대만 총통이 마이크 펜스 전 미 부통령을 만나고 있다. 라이칭더는 트럼프 1기 행정부가 대만에 대한 무기 판매를 정상화했다며 감사를 표했다. (출처: 대만 총통부)

중국이 북한에 남침을 요청할 수 있다는 시나리오도 거론됩니다. 그렇다면 미국이 대만을 포기할 수 없는 전략적인 이유는 무엇이고, 양안 전쟁이 한반도에 미칠 영향은 무엇일까요?

한국전쟁 이후 '운명 공동체'로 엮인 한국과 대만

먼저 시계를 한국전쟁 당시로 돌려 대만이 한반도와 일종의 '운명 공동체'로 엮이게 된 과정부터 살펴보겠습니다. 1940년대 후반 2차 국공 내전에서 국민당의 패색이 짙어지자 미국은 대만의 전략적 가치에 관심을 둡니다. 그래서 1948년 11월 미 국무부와 국방부는 중국공산당(중공)이 대만을 점령할 경우 미국의 안보이익에 어떤 영향을 미칠지 검토하는 내용의 보고서 NSC-37를 작성하죠. 중공이 대만을 점령하면 미국의 안보에 불리하다는 게 보고서의 결론이었습니다. 하지만 미 군부는 막대한 비용을 들여서 지켜야 할 정도로 대만의 전략적 가치가 높지는 않다고 봤죠.

정부 내 의견이 엇갈리는 가운데 한국전쟁 발발 직전인 1950년 초까지 트루먼 행정부는 대만에 대해 '무개입 원칙'을 고수합니다. 미국은 중국 내전에 개입하지 않을 것이며, 대만으로 쫓겨간 국민당 정부에 대해서도 군사 원조를 제공하지 않겠다는 거였죠. 이는 마오쩌둥의 승리가 대세로 굳어진 가운데 혈맹인 영국이 중공을 승인하면서 미 의회와 경제계, 학계, 언론에서 중공 정권 승인론이 힘을 얻은 데 따른 것이었습니다. 1950년 2월 미국 정보기관은 대만 국민당 정권이 그해 12월을 넘기지 못하고 중공에 점령될 거라는 비관적 분석을 내놓았습니다. 이에 트루먼 행정부는 중공과의 관계 개선을 준비하면서 대만과 관계를 단절하는 방안을 검토했죠.

하지만 그해 6월 발발한 한국전쟁을 계기로 상황은 180도 바뀝니다. 미군 합동참모본부는 전쟁이 터지고 한 달 뒤 대만에 긴급 군사 원조를 제공하고 원조계획을 수립할 조사단 파견을 제안합니다. 미국 입장에서 대만의 전략적 가치가 갑자기 높아진 거죠. 그런데 그해 10월 중국의 한국전쟁 참전을 계기로 전황이 뒤집히면서 미국의 대만 보호 의지도 롤러코스터를 타게 됩니다. 딘 러스크 당시 미 국무장관은 "만약 중공이 한국전쟁 해결을 위한 교섭 과정에서 대만 문제를 논의한다면 미국은 (중공의 안보 이익이 걸린) 티베트와 인도차이나 문제를 함께 논의할 수 있다"고 밝힙니다. 이어 미 국무부 중국 담당자는 중공이 인도차이나 반도에 개입하지 않겠다고 약속하면 대만을 중공에 넘길 수 있다는 의견을 내기까지 합니다.

그러나 결국 미국은 한국전쟁이 한창 진행 중이던 1951년 5월 대만 방어를 강화하기 위해 군사 고문단을 보내는 등 군사 원조 계획을 세웁니다. 단, '대만은 중국의 일부'라는 외교 방침은 유지하기로 합니다. 대만에 명확한 안보 공약을 제시하는 건 거부하죠. 대만 외교부 장관이던 예궁차오(葉公超)가 미국이 결국 대만을 포기하려는 게 아닌지 의심한 이유입니다.

중국이 대만 점령하면 미국 본토 위협 커져

한국은 수출로 먹고 사는 경제 구조인 만큼 해상교통로의 경제, 안보적 가치가 다른 나라에 비해 클 수밖에 없습니다. 한국 무역 물동량의 43%가 대만해협을 통과한다는 통계도 나와 있죠. 중국의 대만 점령이 동아시아 각국의 경제, 안보에 큰 위

대만 vs 중국 군사력 비교

	중국	대만
현역 총병력	203.5만 명	16.3만 명
준군사조직+예비군	51만 명 + 51만 명 (민병 800만 명 미포함)	1.2만 명 + 16.7만 명
육군+해병대	96.5만 명 + 3.5만 명	8.8만 명 + 1만 명
전차	5,650량	565량
대포(100mm 이상)	6,500문	149문
잠수함	58척	4척
항공모함	2척	0척

※ 중국-대만, 양안 무력 충돌 위기의 함의(강준영, 2022) 논문에서 인용

협이 될 거라는 지적이 나오는 이유입니다.

특히 일부 군사 전략가들은 대만의 군사적 가치가 상상 이상이라는 분석을 내놓고 있습니다. 미국은 미소 냉전 당시 유용하게 활용한 수중음향감시체계SOSUS로 지금까지 중국군의 필리핀해 및 태평양 진출을 효율적으로 막고 있는데, 중국이 대만을 점령하면 이것이 무력화될 수 있다는 겁니다. SOSUS는 잠수함을 추적하기 위해 해저에 일렬로 깔아놓은 무수한 음파 탐지기들을 말합니다. 미국은 SOSUS를 유럽의 북해와 대서양, 대만해협 등에 매설했는데 소련 핵잠수함이 기지를 떠난 직후부터 소음을 탐지할 정도로 높은 성능을 발휘했다고 합니다. SOSUS로 위치가 드러난 잠수함은 대잠 초계기의 공

대만 포위 군사훈련을 실시 중인 중국군 동부전구. 2022년 8월 낸시 펠로시 당시 미 하원의장이 대만을 방문하자 중국은 항의 표시로 대만을 봉쇄하는 군사훈련을 실시했다.
(출처: 동부전구 웨이신)

격에 노출돼 먹잇감이 될 가능성이 높습니다. 잠수함의 최대 강점인 잠항성을 무력화시키는 무기인 셈입니다.

그런데 중국이 대만을 점령한 뒤 소음을 획기적으로 낮춘 핵잠수함을 운용하면 SOSUS에 탐지되지 않고 필리핀해에 접근할 수 있어 동아시아 지역의 해상교통로를 위협할 수 있다는 분석이 나옵니다. 특히 일본은 오키나와 등이 대만과 가까워 중국의 이 같은 군사전략 변화에 더 민감하게 반응할 수밖에 없죠.

중국이 대만해협을 가로질러 태평양까지 진출하면 미국의 안보에도 빨간 불이 켜지게 됩니다. 중국이 대만 점령 후 저소음 전략핵잠수함SSBN을 대만 기지에 전진 배치하면 미국 전역으로 핵미사일을 쏠 수 있는 해역(태평양)까지 이동할 수 있기 때문이죠. 이와 함께 필리핀에 기지를 두고 해·공군을 운용하는 미국의 작전 능력을 직접 견제할 수 있게 됩니다.

그런데 이보다 더 뼈아픈 것은 중국의 대만 점령이 동아시아에서 미국의 강력한 동맹체제를 뿌리부터 뒤흔들 수 있다는 점입니다. 한국, 일본 등 주변 동맹국들에 대한 미국 안보 공약의 신뢰성을 떨어뜨릴 수 있기 때문입니다. 각국의 생명줄과도 같은 해상교통로가 중국에 의해 위협받을 수 있다는 점에서 미국 핵무기의 전진 배치나 핵 공유 등을 요구할 수도 있습니다. 이 경우 냉전시기 핵 군비 경쟁을 벌인 유럽처럼 동아시아에서도 심각한 안보 위기가 닥칠 수 있습니다. 또 미국의 안보 공약이 한국, 일본, 호주 등으로부터 신뢰를 잃어 동맹이 느슨해지면 아시아 패권국을 지향하는 중국의 도발 가능성을 키울 수 있습니다.

물론 미국의 대만 점령이 군사 전략적으로 크게 중요하지 않다는 반론도 있습니다. 찰스 글레이저 미 조지워싱턴대 교수는 "대만 점령이 중국의 군사력이나 전력 투사 능력을 증가시킬 거라는 근거가 없다"며 대만 포기를 주장했습니다.

병참기지로서 한반도의 역사

양안 전쟁이 벌어지면 미국은 동맹조약을 맺고 있는 한국, 일본에 어떤 식으로든 군사 지원을 요구할 가능성이 높습니다. 유사시 중국이 한반도 전역이 아닌 주한미군 기지만 공격하더라도 한미 상호방위조약에 따라 한국군이 주한미군과 연계해 대응할 의무가 있다는 주장도 있습니다. 이미 미국 외교·안보 전문가들은 양안 전쟁 시 주한미군을 어떻게 운용할 것인지를 놓고 다양한 논의를 벌이고 있습니다. 미국 학계 일각에선 한국이 중국과의 전면전을 피하려고 할 것이기 때문에 한국이 정보 수집이나 탄약 공급, 비전투원 소개와 같은 후방 지원에 나서도록 하는 게 현실적인 대안이라고 보고 있습니다.

사실 '병참기지'로서 한반도의 역할은 16세기까지 거슬러 올라갑니다. 당시 일본은 명나라를 치기 위한 길목이자 병참기지로 조선을 활용하기 위해 임진왜란을 일으켰습니다. 현대사로 좁혀 보면 국공 내전이 대표적입니다. 1940년대 후반 2차 국공 내전 당시 북한은 마오쩌둥이 이끄는 중국 공산군의 든든한 후방 병참기지 역할을 했죠. 마오쩌둥이 대만 수복을 사실상 포기하면서까지 한국전쟁 참전을 결정한 데는 국공 내전 당시 한반도의 전략적 가치를 깨달은 영향도 큰 것으로 보입니다.

양안 위기와 맞물려 주한미군의 전략적 유연성과 한국군의 전시 작전통제권 이전을 한미 양국이 재검토해야 한다는 주장도 있습니다. 양안 전쟁 시 주한미군 재배치로 인해 생기는 대북 억지력의 공백을 한국이 더 많이 메우는 방향으로 전시 작전통제권 이전을 추진해야 한다는 겁니다. 한국의 국방력이 강화되면 중국의 대만 침공을 틈탄 북한의 도발을 억제할 수 있다는 논리입니다. 단, 이 같은 조치가 북한의 핵무장과 일본의 군비 확장이 본격화된 상황에서 동아시아 군비 경쟁을 촉발할 가능성이 있다는 건 우려스럽습니다. 미중 갈등이 커진 가운데 이 같은 움직임이 양안 전쟁 가능성을 오히려 높이는 결과를 초래할 수도 있습니다.

그동안 한국은 국력에 비해 소극적인 외교 행태를 보여 왔습니다. 러시아-우크라이나 전쟁을 계기로 미국, 일본, EU 등이 추진한 러시아 원유 상한제에 적극 동참하지 않은 게 대표적입니다. 미중 갈등과 더불어 일본이 전수방위(무력공격을 받았을 때 방위력을 행사하고 자위를 위한 최소한으로 방위력을 제한하는 원칙)를 폐기하는 등 동아시아 정세가 급변하는 상황에서 한국도 양안 전쟁에 적극 대비하는 자세가 필요합니다. 무엇보다 트럼프 2기 행정부가 추진하는 주한미군의 전략적 유연성 강화로 인해 양안 전쟁에서 한국의 전쟁 연루 위험이 커지지 않도록 안전장치를 둬야 할 겁니다.

6장

위험한 동거,
북러 밀착 어떻게 볼 것인가

"귀하는 소련이나 중국으로 탈출을 준비하는 게 좋을 것입니다."

인천상륙작전이 개시된 지 한 달이 채 안 된 1950년 10월 13일. 스탈린이 김일성에게 보낸 편지는 북한의 기대를 여지없이 무너뜨렸습니다. 상륙작전 직후 38선을 넘어 북진하는 미군에 맞서 김일성은 소련에 지원 병력을 다급하게 요청했지만 스탈린은 끝내 파병을 거부합니다. 반면 마오쩌둥은 스탈린이 절망적인 편지를 보낸 지 엿새 만인 10월 19일 중공군의 참전을 결정합니다. 이는 북한 외교의 중심축이 소련에서 중국으로 옮겨간 결정적 계기가 됐습니다.

2024년 김정은과 푸틴이 정상회담을 통해 동맹 부활을 선언했지만 역사는 북한과 러시아의 관계가 늘 아름답지만은 않았음을 보여줍니다. 우크라이나 전쟁을 계기로 김정은이 러시아에 올인한 형국이지만 그동안 북러 관계는 배신과 애증의 연속에 가까웠죠. 북러 밀착에 대해 과도한 불안을 갖기보다 차분히 대응해야 하는 이유입니다. 그러기 위해 현재의 북러 관계를 형성한 일제강점기와 한국전쟁 당시로 시계를 돌려보겠습니다.

소련 패권주의에 이용당한 좌익 독립운동가들

일제강점기 한반도엔 공산주의를 옹호하는 독립운동가들이 적지 않았습니다. 당시 조선뿐 아니라 반식민지 상태에 놓인 중국이나 프랑스 식민지였던 베트남 등 제국주의 침략을 받은 아시아 민족 상당수가 공산주의를 받아들였죠. 민족해방, 노동해방을 앞세운 공산주의가 제국주의 타파를 위한 대안이 될 수 있다고 봤기 때문입니다. 여기에는 세계 공산화를 추구한 소련의 지원도 한몫했습니다. 일례로 1922년 1월 소련 코민테른(국제 공산당)은 모스크바에서 '극동민족대회'를 열고 서구 제국주의를 성토하며 아시아 민족 해방을 지지합니다. 이 대회에는 총 136명의 아시아 각국 대표가 참석했는데, 이 중 조선이 52명으로 중국(37명), 일본(16명), 몽골(14명), 부

1922년 모스크바에서 열린 '극동 민족대회'에 참석한 조선 공산주의자들. 전년도 워싱턴 회의 결과에 실망한 조선 독립운동가들은 이 대회에 대거 참여했다.

리야트(4명), 자바(1명) 칼미크(1명) 등을 제치고 가장 많은 인원을 차지했습니다.

조선인들이 극동민족대회에 높은 관심을 쏟은 건 1921년 11월 워싱턴회의에 대한 실망도 영향을 미쳤습니다. 워싱턴회의는 제1차 세계대전 종전 이후 아시아태평양 지역의 국제질서를 규정하는 중요한 국제회의였습니다. 일본의 막강한 해군력을 억제하고 동아시아에서 힘의 균형을 추구하고자 한 미국의 의도가 반영된 회의였던 만큼 대한민국 임시정부는 이를 독립 외교의 기회로 삼으려고 했죠. 그러나 여러 노력에도 불구하고 미국 정부가 1차 대전 승전국인 일본을 의식한 탓에 이승만을 비롯한 한국 대표단이 회의에 참석조차 할 수 없었고, 한국 문제가 공식의제로 다뤄지지도 않았습니다. 이는 상당수 독립운동가가 미국에 대한 기대를 접고 소련의 지원을 얻고자 공산주의에 접근하는 결과를 낳았습니다.

소련도 이런 사정을 알고 있었기 때문에 이를 정치적으로 활용했습니다. 당초 1921년 11월로 예정됐던 극동민족대회 개막을 일부러 이듬해 1월로 연기한 게 대표적입니다. 아시아인들에게 실망스러운 결과를 안길 워싱턴회의를 지켜본 뒤 이를 비난할 기회를 얻으려는 의도였습니다. 이후 소련은 조선 공산주의자들에게 자금을 지원하고 모스크바 유학 기회를 제공하면서 지침을 내립니다.

하지만 여러 지원에도 불구하고 소련은 결과적으로 일제강점기 좌익 독립운동에 결정적 해악을 끼쳤다는 게 학계의 평가입니다. 대표적인 사례가 '신간회 해체'와 '자유시 참변'입니다. 1927년 2월 창립된 신간회는 일제에 맞서 민족주의와 공산주의 독립운동가들이 처음으로 손을 잡은 민족 유일당이라는 점에서 역사적 의의가 컸습니다. 신간회는 1929년 광주학생운동 당시 민족 차별을 성토하며 법률 지원에 나서고 언론·출판·집회·결사의 자유 쟁취, 여성 형평운동, 동양척식회사 반대 활동 등을 벌였습니다. 1930년 무렵에는 전국 140개 지회에 4만 명에 육박하는 회원을 확보하면서 일제의 본격적인 감시와 탄압에 직면합니다.

잘 나가던 신간회는 1929년 12월 위기에 빠집니다. 신간회가 광주학생운동을 전국적 항일운동으로 확산시키려 한다는

1929년 7월 9일자 동아일보에 게재된 신간회 본부의 중앙집행위원 및 중앙검사위원 간담회 기념사진. 신간회는 민족주의와 공산주의 독립운동가들이 처음으로 손잡은 '민족 유일당' 운동으로 일제의 거센 탄압에 직면했다.

걸 눈치 챈 일제가 허헌, 홍명희, 조병옥 등 지도부 44명을 한꺼번에 잡아들인 겁니다. 이에 상대적으로 온건한 노선의 민족주의자들로 새로운 지도부가 꾸려졌는데, 공산주의 운동가들이 이들을 개량주의자라고 비판하며 신간회 해체를 주장합니다. 당시 이들이 해체론의 근거로 삼은 게 소련 코민테른과 프로핀테른(국제 노동조합)의 지침이었습니다.

코민테른은 1928년 '12월 테제'에서 조선 공산주의자들의 분파주의를 비판하면서 조선공산당 해체를 지시합니다. 이어 프로핀테른도 1930년 9월 테제를 통해 광주학생운동 등의 대중 투쟁을 저지하기 위해 일제가 자치를 약속하며 민족개량주의 부르주아를 매수하고 있다고 주장하죠. 결국 신간회는 1931년 5월 본부 대의원회의 투표를 거쳐 창립 4년 만에 해체되는 비운을 맞습니다. 일제 타도를 외치던 소련 코민테른이 일제가 집요하게 탄압한 신간회 해체에 일조하는 아이러니한 상황이 벌어진 겁니다. 이후 일제가 무너질 때까지 신간회와 같은 좌우 합작의 독립운동 단체는 나오지 못합니다. 좌우 분열로 독립운동 역량이 약화되는 결과를 빚은 거죠.

그런데 12월 테제로 신간회 해산을 지시한 코민테른은 불과 7년 뒤인 1935년 7차 대회에선 조선 내 민족 부르주아와의 협력을 주장하며 노선을 180도 바꿉니다. 이는 당시 소련이 극동지역에서 일제와 패권을 다투고 있던 상황과 관련이 깊습니다. 1922년 러시아 내전에 개입했던 일본이 블라디보스토크에서 군대를 철수하는 등 극동지역에서 안보 위협이 해소되자 소련은 조선 독립운동가들에 대한 지원에 소극적인 태도로 돌아섰습니다. 굳이 일제를 자극할 필요가 없다고 본 거죠. 그러나 1930년대 들어 일본이 극동에서 팽창주의를 추구하자 위협을 느낀 소련은 일제를 견제하기 위해 조선 공산주의자들에게 민족 부르주아와의 통일전선 구축을 지시합니다. 하지만 소련의 일관성 없는 지침과 조선 공산주의 독립운동가들의 소련 추종은 결국 조선공산당 해체로 이어집니다.

소련의 제국주의적 행태는 1921년 6월 '자유시 참변'에서도 드러납니다. 자유시 참변은 러시아 거주 고려인들로 구성돼 소련의 지지를 받은 고려혁명군정의회가 간도 독립군 부대와 통합하는 과정에서 무력으로 독립군을 공격한 사건입니다. 당시 일본군에 쫓기던 간도 독립군은 무기와 식량을 공급받고 연해주 고려인 부대와 힘을 합치기 위해 소련 영토에 들어온 상

홍범도 장군(왼쪽)이 1929년 소련 연해주에서 부인(오른쪽)과 함께 찍은 사진.

황이었습니다. 참변 직후 소련은 홍범도 장군을 재판위원으로 끌어들여 생존한 간도 독립군 부대원들을 처벌합니다. 홍 장군은 공정한 판결을 위해 재판에 참여했다고 말했지만 생존자들은 그렇게 생각하지 않은 것 같습니다. 당시 그의 결정을 독립군에 대한 배신으로 여긴 조선인 2명이 1923년 8월 하바로프스크에서 홍 장군을 폭행하는 사건이 벌어집니다. 홍 장군은 레닌에게 하사받은 권총으로 이들을 사살한 뒤 감옥에 갇혔다가 레닌의 증명서를 받고 석방됩니다. 하지만 그 후 다시는 독립군 부대를 이끌지 못했습니다.

유럽 패권 위해 한반도 이용한 스탈린

"한반도 전쟁에 중국을 끌어들여 미국과 싸우게 하면 미국이 3차 세계대전을 일으키지 못하게 될 겁니다. 이는 유럽 사회주의를 강화하는 시간을 벌게 된다는 사실을 뜻합니다."

스탈린이 1950년 8월 27일 클레멘트 고트발트 체코 공산당

서기장에게 보낸 편지의 일부입니다. 그해 6월 28일 유엔 안보리 회의에서 유엔군 파견을 결정할 당시 소련 측 유엔대사가 불참해 거부권을 행사하지 않은 이유를 설명하면서 미국의 발을 아시아에 묶어 유럽에서 세력 확대를 추진하기 위해 중국을 전쟁에 끌어들였다고 말한 겁니다.

1951년 7월에 시작한 정전 협상이 2년이나 시간을 끈 것도 스탈린의 이런 의도가 반영됐기 때문이라는 분석도 있습니다. 한국전쟁을 최대한 오래 끌어 미국이 유럽에 개입할 여지를 주지 않으려 했다는 거죠. 소련의 안보 위협에 불안을 느낀 영국이 한반도에서 미국의 확전을 경계하고 한국전쟁의 조속한 종전을 요구한 이유입니다. 냉혹한 현실주의자였던 스탈린은 손 안 대고 코 푸는 식으로 소련군의 참전은 거부한 채 중공군만 끌어들이는 전략을 관철했습니다(소련은 북한에 공군을 지원했지만 중공군이나 북한군 조종사로 위장해 투입했습니다). 이처럼 소련의 대 한반도 전략은 철저히 유럽 중심 사고에서 한반도를 부차적 방편으로 이용하는 행태를 보였죠.

소련의 이런 시각은 탈냉전을 촉발한 고르바초프의 개혁, 개방정책 시기에도 이어집니다. 북한의 강력한 반대에도 불구하고 소련이 1988년 서울올림픽 참가를 결정한 게 대표적입니다. 한국으로부터 경제 지원이 시급했던 소련은 노태우 정부의 북방정책과 맞물려 1990년 9월 한국과 수교를 맺습니다. 조소동맹 조약(1961년 7월 6일 북한과 소련이 체결한 군사동맹 조약)

의 봉인이 사실상 와해된 거죠. 이런 상황에서 소련은 이듬해인 1991년 9월 18일 안보리 이사국으로서 남북한의 유엔 동시 가입을 지지하기에 이릅니다.

소련 붕괴 후 남한 일변도로 편향돼 있던 러시아의 한반도 정책은 옐친 대통령 때까지 유지되다 블라디미르 푸틴 대통령 집권 후 바뀌기 시작합니다. KGB 요원 출신으로 구소련 시절의 영광을 되찾겠다는 푸틴의 야망이 한반도에서 남북한 등거리 외교를 추진하는 계기가 된 겁니다. 1999년 12월 집권한 푸틴은 이듬해 2월 이바노프 외무장관을 평양에 보내 '조러 우호선린협력조약'을 체결하고 그해 7월 평양을 방문합니다. 이는 한국을 먼저 방문하리라는 세간의 예상을 깬 것으로 소련과 러시아 역사를 통틀어 국가 원수의 첫 방북이었습니다.

부활한 '북러 밀월' 얼마나 갈까

일각에선 2024년 6월 김정은 주석과 푸틴 대통령이 맺은 북러조약의 실효성을 의심하는 시각도 있습니다. 우크라이나 전쟁을 계기로 북한과 러시아의 이해관계가 맞아떨어졌다는 점 때문입니다. 다시 말해 러시아의 부족한 재래식 무기를 북한이 공급해 주고, 대북제재로 곤란한 북한 경제를 러시아가 지원한다는 점에서 우크라이나 전쟁이 끝나면 러시아가 태도

김정은 북한 국무위원장이 러시아 보스토치니 우주기지에서 블라디미르 푸틴 러시아 대통령을 만나 악수하고 있다. 우크라이나 전쟁을 계기로 가시화된 북러 밀착이 종전 후에도 지속될지는 불투명하다는 지적이 나오고 있다. (출처: 노동신문)

를 바꿀 수 있다는 거죠. 역사적으로 대부분의 동맹에 시효가 있었다는 점에서도 그렇습니다.

특히 한반도 위기 시 북러조약에 따라 러시아가 전쟁에 연루될 위험을 떠안지 않을 거라는 시각도 있습니다. 유라시아 대륙에 걸쳐 거대한 영토를 갖고 있는 러시아의 경우 역사적으로 동아시아보다 유럽에 대한 전략적 우선순위가 더 높기에 스탈린이 한국전쟁 참전을 거부한 것처럼 연루의 위험을 감당하지 않을 가능성이 높다는 겁니다. 이런 관점에서 러시아 외교·안보 정책에서 최우선 순위인 우크라이나 전쟁이 마무리되면 북한에 대한 지원을 줄일 수 있다는 분석도 있습니다. 이와 관련해

6장. 위험한 동거, 북러 밀착 어떻게 볼 것인가

2024년 북러 정상의 공동 기자회견에서 김정은이 '동맹'이란 표현을 세 차례 쓰면서 이를 부각한 반면, 푸틴은 이 단어를 한 번도 입 밖에 내지 않아 주목받았습니다. 세르게이 라브로프 러시아 외무장관도 러시아 언론과의 인터뷰에서 군사 상호원조 조항을 설명하며 방어적 성격을 강조했습니다. 북러조약을 둘러싼 양국 간 온도 차이가 느껴지는 대목입니다. 2025년 9월 중국 전승절을 계기로 6년 만에 북중 정상회담이 열린 것도 북러 밀착이 와해됐을 때를 대비한 일종의 '보험'이란 분석도 있습니다.

북중러 삼각관계에 이는 미묘한 파장

2024년 북러조약이 북·중·러 3국 관계에 미묘한 파장을 일으켰다는 사실도 짚고 넘어갈 필요가 있습니다. 역사적으로 국경을 맞대고 있는 중국과 러시아가 경쟁관계에 있는 데다 1950~1960년대 중소 갈등 시기 중국과 러시아가 북한을 서로 끌어들이기 위해 경쟁했던 과거가 있기 때문입니다. 한마디로 중국으로서는 북러 밀착이 달갑지 않을 수 있습니다. 그럼 시계를 1960년대로 돌려볼까요.

1969년 3월 소련-중국 국경지대인 시베리아 우수리강 젠바오섬에서 양국 간 교전이 벌어져 사상자가 발생합니다. 1956년 스탈린 사후 마오쩌둥이 소련 공산당과 이데올로기

투쟁을 벌이며 사회주의 종주국을 둘러싼 갈등을 벌인 게 원인이었죠. 소련과 중국이 1964~69년 사이 4,189회에 걸쳐 국경분쟁을 벌이며 대립하자 북한은 양국을 오가는 '줄타기 외교'로 실리를 취합니다. 인근 사회주의 형제국(북한)의 지지를 얻고자 노력한 소련과 중국으로부터 각종 자원을 얻어낸 겁니다. 연구에 따르면 북한은 1960년까지 소련과 중국으로부터 무상원조의 43.17%와 30.75%를 각각 받아냈습니다. 또 김일성은 1956년 8월 종파사건(1956년 8월 30일 조선로동당 중앙위원회 제3기 제2차 전원회의에서 연안파 및 친소파 인사들이 김일성 개인숭배를 비판한 뒤 김일성파의 공격을 받고 실각한 사건)을 거치며 유일 지배 체제를 구축합니다. 미중 데탕트 국면에선 북한이 소련으로 밀착 가능성을 암시하며 중국을 압박하기도 했죠.

북·중·러의 미묘한 삼각관계는 2024년 북러 밀착 국면에서도 드러났습니다. 중국은 푸틴 방북 기간에 한중 외교 안보 대화를 진행하면서 일종의 견제구를 날렸죠. 또 중국 언론사 〈차이신〉은 북한과 러시아 간 군사 관계가 과열되고 있다면서 유사시 자동 군사개입 조항에 대해 우려를 표시하기도 했습니다.

한국 핵무장의 기회비용

북러 밀착은 한국의 핵무장론을 촉발하고 있습니다. 국가

정보원 산하 국가안보전략연구원은 2024년 보고서에서 "한미 확장 억제를 지속해서 강화하는 한편 전술핵 재배치 및 NATO식 핵 공유, 자체 핵무장 또는 잠재적 핵 능력 구비 등을 포함하여 다양한 대안에 대한 정부 차원의 검토 및 전략적 공론화를 추진할 필요가 있다"고 밝혔죠. 그러나 한국의 핵무장은 많은 기회비용을 발생시킬 수밖에 없다는 사실을 기억할 필요가 있습니다. 우선 핵확산금지조약NPT 체제에 근거해 핵확산 방지에 주력하는 미국과의 동맹이 와해될 수 있습니다. 핵보유를 포기하는 대신 한국에 핵우산을 제공한다는 것이 한미동맹의 핵심 조건이기 때문입니다. 한국의 핵심 안보 자산인 한미동맹을 포기하면서까지 핵무장을 해야 하느냐 하는 질문이 제기될 수밖에 없습니다.

두 번째는 국제사회로부터 제재 가능성입니다. 대외 무역 의존도가 높은 한국은 미국, 유럽, 중국 등으로부터 핵무장에 따른 전방위 경제제재를 받을 경우 상당한 타격을 입을 수밖에 없습니다. 세 번째는 동아시아에서 핵 군비 경쟁을 촉발시킬 가능성입니다. 한국이 핵무장에 나서면 이웃 국가인 일본도 동참할 가능성이 높고 그렇게 되면 동아시아가 핵 군비 경쟁의 악순환에 빠질 수 있다는 겁니다. 안보 위협을 완화하기 위해 선택한 핵무장이 도리어 안보 위기를 초래하는 딜레마에 빠질 수 있는 셈입니다.

한미동맹 기반 위에 한중관계 지렛대로

지금까지 내용을 정리하면 러시아는 소련 시절 극동지역에서 일제와 패권을 다투는 과정에서 조선 공산주의자들을 이용하는 행태를 보였습니다. 이어 한국전쟁 땐 참전을 거부하고 일부러 종전을 늦추는 모습도 보였습니다. 이런 역사적 경험에 비춰볼 때 러시아가 전쟁에 연루되는 위험을 회피할 수 있기에 우크라이나 전쟁 종전 후 북러 밀착이 와해될 가능성을 배제할 수 없습니다. 1950년대 중소 갈등의 역사가 보여주듯 러시아와 중국의 미묘한 경쟁 관계가 북·중·러 3각 구도에 균열을 일으킬 가능성도 있습니다.

이런 점들을 고려할 때 북러 밀착에 과도한 불안을 가질 필요는 없을 겁니다. 결국 한미동맹을 바탕으로 한중관계를 안정적으로 관리하는 것이 북·중·러 3각 구도의 불안정성을 파고드는 효과적인 전략이 될 수 있습니다. 이런 측면에서 한미동맹에 균열을 일으키고 동아시아에서 군비 경쟁을 초래할 수 있는 핵무장론에 대해선 신중한 접근이 필요합니다. 다만, 동맹을 경시하고 대외 군사개입을 최소화하는 트럼프 2기 행정부의 외교가 변수가 될 순 있을 겁니다.

7장

가까이하기엔 너무 먼 북중 관계

　최근 북한과 러시아의 밀착을 삐딱하게 바라보는 건 비단 한국, 미국, 일본뿐이 아닙니다. 한국전쟁에서 유일하게 북한을 위해 군대를 보낸 '혈맹' 중국의 속내도 편치 않습니다. 2024년 김정은과 푸틴의 정상회담 열흘 후 시진핑 중국 국가주석이 한덕수 당시 국무총리에게 방한 의사를 내비치며 북한에 미묘한 견제구를 날린 배경입니다.
　한국전쟁 이후 애증이 교차한 북중 관계의 역사를 돌아보고 이것이 향후 동아시아 정세에 미칠 영향을 살펴보겠습니다.

미중 데탕트와 북중 균열

냉전시대에 북한, 러시아, 중국은 이른바 '사회주의 당-국가party state 관계'●로 엮여 있었습니다. 이른바 '미 제국주의'에 맞서 사회주의 형제국이란 특수 관계를 형성한 겁니다. 특히 한국전쟁을 겪으며 미국에 대한 위협 인식이 3국 관계의 핵심 변수로 부상합니다. 미중 갈등이 첨예해진 요즘도 상황은 비슷합니다. 그런 의미에서 대미 위협 인식이 극명한 대조를 이룬 1970년대 미중 데탕트와 2008년 글로벌 금융위기 이후 미중 갈등 당시로 시계를 돌려보겠습니다.

1979년 미국과 중국의 수교로 북한이 받은 충격은 실로 컸습니다. 한국전쟁 종전 이래 동맹국 중국으로부터 방기될 수 있다는 북한의 우려가 가장 큰 시점이었죠. '미제와의 투쟁'을 앞세워 통치 정당성을 확보한 김일성으로서는 사회주의 맹방인 중국과 미국의 수교를 인민들에게 어떻게 설명해야 할지 곤혹스러웠습니다. 미중 데탕트에 대한 김일성의 인식은 미중 수교 1년 뒤인 1980년 10월 10일 조선로동당 제6차 대회에서 한 연설(중앙위원회 사업총화 보고)에 잘 드러나 있습니다. 당시 김일성은 중국을 직접 거명하진 않았지만 중국을 겨냥해 신

● 공산당이 국가기관 위에 군림하는 사회주의 국가들은 냉전시절 외교 관계에서도 국제 공산주의 원칙에 따라 당을 앞세워 교류했습니다.

1954년 10월 중국 톈안먼 광장에서 열린 열병식에 참석한 김일성(가운데)과 마오쩌둥(오른쪽). 김일성은 항일투쟁 과정에서 중국에 대한 불신을 갖게 됐다고 생전에 회고했다. (출처: 정화시보)

랄한 비판을 쏟아냈죠.

"신흥세력 나라들은 온갖 외세의 간섭을 철저히 배격하여야 하며 남의 장단에 춤을 추거나 남의 대리인 노릇을 하지 말아야 합니다. 신흥세력 나라들은 다른 나라의 자주성을 존중해야 하며 남의 내정에 간섭하거나 남의 이익을 침해하는 행동을 하지 말아야 합니다."

여기에서 김일성이 언급한 '대리인'은 미국에 접근한 중국을 가리키며, 내정 간섭이나 이익 침해 운운은 미국과 중국이 북한을 둘러싼 적대 구조를 청산하고 한반도를 공동 관리하기로 한 방침을 정면으로 거부하겠다는 의지로 해석됩니다. 김일성은 여기에서 한발 더 나아가 중국의 행위가 사회주의 근본원칙을 훼손했으며 북중 동맹을 위태롭게 하고 있음을 강조했습니다.

"제국주의자들과 원칙적 문제를 가지고 흥정하여서는 안 되며 제국주의자들에게 혁명의 근본 이익을 팔아먹어서는 안 됩니다. 사회주의 나라들과 뿔럭 불가담(제3세계) 나라들은 제국주의 나라들과 국가관계를 좋게 가지기 위하여 반제적(반제국주의) 입장을 포기하지 말아야 하며 자기 나라의 이익을 위하여 다른 나라의 이익을 희생시키는 행동을 하지 말아야 합니다."

이 연설에서 김일성은 중국이 미국과 맞선 종전의 대결 구도로 복귀해야 한다고 촉구했습니다. 그가 언급한 혁명의 근본 이익에는 미제와의 대결을 통한 한반도 통일이 포함됩니다. 따라서 중국이 자국의 외교적 이익을 위해 북한의 안보 이익을 침해해선 안 된다는 경고를 중국에 보낸 겁니다. 그런데 김일성은 북중 동맹의 균열 위험에 대한 경고로만 그치지 않았습니다. 중국이 미국과의 데탕트에 나선 결정적 배경이자 중국의 아킬레스건인 '중소 갈등'까지 은연 중 언급했죠.

"오늘 사회주의 나라들과 공산당, 로동당들은 의견 상이(相異, 서로 다름)로 하여 통일단결을 이룩하지 못하고 있으며 세계혁명에서 마땅히 놀아야 할 역할을 다하지 못하고 있습니다. 형제당, 형제 나라들 사이의 의견 상이가 더는 확대되지 말아야 하며 사회주의 역량과 국제공산주의 운동의 통일 단결은 하루빨리 실현되어야 합니다."

　김일성이 이 국면에서 중소 갈등 해소와 미제에 대한 공동투쟁을 강조하고 나선 건 단순히 원칙적인 대의를 표명한 게 아닙니다. 중국이 미국과 손을 잡는다면 북한도 소련과 손잡을 수 있다는 메시지를 암시한 겁니다. 김일성이 중소 갈등 국면에서 소련으로 접근 가능성을 내비칠 정도로 미중 데탕트는 북한에 다급한 안보 위협을 가져온 겁니다.

미중 갈등에 따른 북중 밀착

　탈냉전 이후 미국과 중국의 관계에 미묘한 균열이 일어납니다. 소련 붕괴로 유일 패권국이 된 미국으로서는 과거처럼 소련 견제를 위해 중국과 협력할 필요가 사라졌기 때문이죠. 특히 2008년 글로벌 금융위기 이후 갈등이 격화되는데요. 미국의 경제력은 점차 쇠퇴한 반면 중국 경제는 안정적 성장을 이어가면서 미국의 중국 견제가 노골화되었기 때문입니다.

　미중 갈등은 미국이라는 공통의 적을 고리로 북한과 중국을 밀착시키는 결과를 낳습니다. 1, 2차 북핵 실험 직후 북중 관계의 변화가 이를 잘 보여줍니다. 2006년 10월 북한이 중국의 강력한 만류에도 1차 핵실험을 강행하자 중국 외교부는 이례적으로 "제멋대로(悍然)"라는 표현을 사용하며 북한을 공개적으로 비난합니다. 이어 유엔 안보리의 대북제재 결의안(1718호)에 처음 찬성표를 던지죠. 그해 9월에는 북한의 대포동 2호 발사에 맞서 대북 석유 수출을 중단했습니다. 이후 2008년 3월 김정일이 북한 주재 중국대사관에 방문하기까지 북중 관계가 회복되는 데는 1년 5개월이 걸렸습니다.

그러나 미중 갈등이 본격화된 이후인 2009년 5월 25일, 북한의 2차 핵실험 직후 중국의 대북 메시지는 현저히 완화됐습니다. '제멋대로'와 같은 거친 문구는 사라졌고 그해 8월 우다웨이 한반도 사무 특별대표가 방북하는 등 핵실험 3개월 만에 양국 고위층 접촉이 이루어졌죠. 10월에는 원자바오 중국 총리가 북중 수교 60주년을 맞아 평양을 방문했습니다. 1년 5개월의 긴 냉각기를 가진 1차 핵실험 때와는 사뭇 다른 모습이었습니다.

2010년 3월 천안함 사건은 미중 갈등과 북중 밀착을 촉진하는 계기가 됐습니다. 중국은 천안함 침몰이 북한 소행이라는 조사 결과가 나온 후에도 "냉정과 절제", "대화를 통한 외교적 타결"을 운운하며 북한을 감쌌습니다. 이에 버락 오바마 미국 대통령이 그해 6월 G20 정상회담에서 후진타오 중국 주석에게 "자제를 발휘하는 것과 계속된 문제에 대해 의도적으로 눈을 감는 것은 별개"라며 중국을 강하게 비판했죠.

2016년 1월 6일 4차 핵실험 직후 중국은 주중 북한대사를 초치하고, 대북 수출금지 목록을 발표했지만 안보리 제재 수

블라디미르 푸틴 러시아 대통령(왼쪽)과 시진핑 중국 국가주석이 2019년 11월 브라질에서 만나 악수하고 있다. 미중갈등이 격화되고, 우크라이나 전쟁으로 러시아와 서방의 갈등이 본격화되면서 과거 무력충돌까지 빚었던 중러가 밀착하고 있다. (출처: 신화통신)

2018년 6월 중국을 방문한 김정은 북한 국무위원장(오른쪽)이 시진핑 주석과 나란히 걷고 있다. 당시 북미 비핵화 정상회담이 진행되는 가운데 양국 정상회담이 잇따라 열렸다. (출처: 노동신문)

위를 낮추려고 노력합니다. 북한 민생이나 인도주의를 위한 예외 조항을 안보리 결의안 제2270호에 반영시키죠. 이에 호응하듯 북한은 같은 해 9월 9일 5차 핵실험을 실시하기 사흘 전 최선희 당시 외무성 국장(현 외무상)을 중국에 보내 이를 사전에 통보합니다. 중요한 외교 사안에 있어 정보공유를 규정한 조중동맹 조약을 의식한 조치였죠.

트럼프 1기 집권 이후 미국과 중국의 갈등이 한층 격화된 가운데 2018년 3월 북중은 정상회담을 열고 냉전시대 동맹으로 회귀하는 장면을 연출합니다. 당시 김정은은 시진핑에게 "북중 친선을 대를 이어 목숨처럼 귀중히 여기고 이어 나가는 것은 숭고한 임무"라고 말합니다. 시진핑도 "북중 친선은 피로써 맺어진 친선이며 세상에 유일무이한 것"이라고 화답하죠. 같은 해 5월 개최된 2차 북중 정상회담은 6월 북미 정상회담을 앞둔 미묘한 시점에 열렸습니다. 비핵화 협상에 대한 사전 정보공유 성격이 짙다는 점에서 역시 조중동맹 조약에 충실한 모습을 보인 겁니다. 이에 도널드 트럼프 미 대통령은 "김정은이 시진핑을 만난 이후 달라졌다"며 불쾌감을 표시했습니다.

북·중·러 3각 구도 미래는

마오쩌둥의 스탈린 추종과 중소 갈등의 역사가 보여주듯

러시아와 중국은 협력과 갈등을 오갔습니다. 양국은 중소 갈등으로 전쟁 직전까지 갔지만 탈냉전 이후엔 상황이 급변합니다. NATO의 동진에 위협을 느낀 러시아와, 미국의 독주에 불만을 품은 중국이 관계 회복에 나선 겁니다. 러중은 1996년 4월과 1997년 4월 정상회담에서 '다극 체제'를 선언하고 미국 견제에 합의합니다.

하지만 러시아와 중국의 관계는 미일 동맹과 같은 군사 동맹이 아닌, '전략적 제휴' 단계에 머물러 있음을 주목해야 합니다. 특히 과거의 영토 분쟁에서 알 수 있듯 양국은 국경을 맞대고 있어 은연 중 서로를 잠재적 적국으로 볼 수밖에 없는 구조입니다. 태평양 건너 미국이 한국, 일본과 맺고 있는 양자 동맹에 비해 결합력이나 신뢰성이 떨어질 수밖에 없다는 얘기입니다.

북핵 사태와 미중 갈등, 우크라이나 전쟁으로 북·중·러의 대미 위협 인식은 과거보다 커진 상황이기에 3국 간 느슨한 밀착은 당분간 이어질 겁니다. 하지만 러시아가 동아시아에서 지역 패권국으로 부상하고자 하는 중국의 의도를 100% 지지하리라고 보기는 어렵습니다. 극동지방에 영토를 둔 러시아가 역사적, 지정학적으로 동아시아를 자신의 세력권으로 인식하고 있기 때문입니다. 실제로 푸틴이 2001년 "역사적으로나 지정학적으로 한반도는 항상 러시아 국가이익의 영역 내에 있다"고 선언한 게 그 예입니다. 19세기 후반부터 20세기 초반 동아시아에서 러시아에 대한 위기감이 팽배했던 이유이기도 합니다. 이승만 대통령은 1904년 《독립정신》에서 "속히 러시아의 무도함을 꺾어 동양으로 뻗어 나오는 세력을 막아야 동양 각국도 안전함을 얻을 것"이라고 썼죠.

자주외교를 유독 강조하는 북한이 과거 냉전시대처럼 러시아와 중국 사이에서 줄타기 외교를 할 가능성도 있습니다. 미국의 대북제재 이후 북한의 대중 경제 의존도가 높은 상황에서 북한이 러시아를 일종의 대체재로 활용하는 시나리오입니다. 실제로 북한은 2024년 러시아에 군대를 파병하고 그 대가로 첨단 군사기술 이전 등을 추진하고 있습니다. 하지만 러시아의 경제·외교적 자원은 중국에 비해 부족한 게 현실입니다. 또 러시아도 북한의 의존에 점차 부담을 느낄 가능성이 있습니다. 2025년 9월 김정은이 베이징을 방문해 시진핑과 정상회담을 여는 등 북러 밀착으로 소원해진 북중 관계 회복에 나선 이유입니다. 동아시아에서 중국과 러시아의 미묘한 경쟁관계까지 감안하면 북·중·러의 밀착도는 한·미·일에 미치지 못할 것으로 예상됩니다.

8장

싱하이밍 논란과 '중국 패권주의' 역사

　미중 갈등 이후 중국의 거친 '전랑 외교'가 논란이 된 가운데 한국에서도 2023년 6월 싱하이밍 주한 중국대사가 이재명 당시 더불어민주당 대표를 만나 "한국 일각에선 미국이 승리하고 중국이 패배할 것이라는 데 베팅하고 있다. 이는 잘못된 판단이며 중국의 패배에 베팅하면 반드시 후회할 것"이라고 말해 파장을 일으켰습니다. 내정 간섭 논란이 일면서 한국과 중국 정부가 상대국 대사를 초치해 항의하는 일까지 벌어졌죠. 이때 사망한 지 100년이 넘는 근대 중국인이 느닷없이 소환됐습니다. 주인공은 오만방자한 청나라 말기 외교관의 상징 위안스카이(袁世凱, 1859~1916)입니다. 싱 대사의 협박성 발언에 윤석열 당시 대통령이 비공개 국무회의에서 "싱 대사의 언행이 1880년대 조선의 국정을 농단한 위안스카이를 떠올리게 한다는 사람들이 많다"고 말했다는 겁니다.

문재인 정부에서 문화체육관광부 장관을 지낸 민주당 도종환 의원 등이 티베트 라싸에서 열린 '티베트 관광문화 국제박람회'에 참석한 것도 도마에 올랐습니다.

젊은 시절의 위안스카이

이 행사가 중국의 티베트 점령 정당화를 위해 기획된 관제 행사라는 지적이 나온 겁니다. 두 사건은 개별적인 해프닝이라기보다 중국 패권주의 흐름 안에서 연결돼 있습니다. 우선 위안스카이는 어떤 인물이었고, 그가 활동할 당시 중국은 조선에 어떤 의도를 갖고 있었는지 19세기 말로 시계를 돌려 알아보겠습니다.

위안스카이 '갑질'에 도사린 중국 패권주의

청나라 군기대신(軍機大臣)을 거쳐 훗날 중화민국 대총통, 중화제국 황제에까지 오른 위안스카이는 소싯적엔 학문에 별 소질이 없었습니다. 수차례 과거에 낙방한 끝에 아버지 지인(우장칭 조선파견군 사령관) 찬스로 어렵사리 관직에 들어갈 수 있었죠. 우장칭의 막료에 불과했던 그에게 출세길을 열어준 건 실각했던 대원군을 복귀시킨 1882년 임오군란이었습니다. 청나라가 조선에 군대를 급파해 반란 세력을 제거할 때 참여한 공으로 위안스카이는 정5품의 관직을 얻고 이후 조선주둔군 3,000명을 앞세워 온갖 세도를 부렸습니다. 본래 조선 궁궐에선 왕을 제외한 누구도 가마를 탈 수 없었지만 그는 예외였습니다. 정부 주최 연회에선 각국 외교사절과 달리 조선 외아문 독판(현 외교부 장관)과 나란히 상석에 앉아 각국 외교관들의 입방아에 오르기도 했죠. 이는 싱하이밍 대사가 외교 관례에 맞지 않게 주재국 정부를 거침없이 비판한 행태를 연상시킵니다.

그런데 이것은 단순히 위안스카이 개인의 오만에서 비롯된 행태가 아니었습니다. 그 이면에는 청 당국의 전략적 의도가 숨겨져 있었죠. 조선이 전통적으로 청의 조공국이었음을 내세워 국가주권 원칙의 국제법을 따르는 서구 열강들을 향해 조선이 자신들의 속국임을 주입시키려 한 겁니다. 이는 2017년 4월 시진핑 중국 국가주석이 도널드 트럼프 미국 대통령과의 양자회담에서 "사실 한국은 과거 중국의 일부였다"고 말한 사실이 알려져 논란을 일으킨 사실을 떠올리게 합니다.

아편전쟁을 계기로 서구 열강의 반식민지에 놓인 청이 도리어 조선을 근대 식민지로 만들고자 한 거죠. 실제로 청은

1894년 청일전쟁 당시 일본군이 청군을 향해 일제 사격을 가하고 있다. 이 전쟁은 위안스카이의 자충수로 인해 촉발되었다.

1882년 임오군란 당시 리훙장(오른쪽)의 지시에 따라 중국으로 압송된 직후의 흥선대원군(왼쪽). 청은 이때부터 본격적인 팽창주의 양상을 드러냈다.

8장. 싱하이밍 논란과 '중국 패권주의' 역사

1882년 8월 23일 조선과 조청상민수륙무역장정(朝淸商民水陸貿易章程)을 체결하면서 "조선은 청의 속방(屬邦)"이라는 조항을 넣습니다. 또 조선의 각국 주재 외교관이 청나라 현지 외교관의 지시를 받도록 하는 등 외교권까지 박탈하죠.

이 같은 청의 전략에 따라 위안스카이는 조선을 자신의 손아귀에 쥐고 흔들기 위한 책략을 도모합니다. 고종 주변 중신들을 친청파로 채우는 동시에 궁궐 내 동정을 자신에게 몰래 알려주는 환관까지 심어 놓습니다. 이 중 민비 외척 세력으로 위안스카이의 비호를 받은 민영준은 1894년 동학란 당시 중신들의 반대에도 불구하고 위안스카이의 뜻에 따라 청에 구원병을 요청합니다. 하지만 이것은 결국 청과 위안스카이의 자충수가 됐죠. 위안스카이는 청군을 조선에 보내더라도 일본이 병력을 한반도에 파견하지 않을 거라고 보았는데 이는 오판이었습니다. 청과 전쟁을 벌이기 위한 빌미를 찾고 있던 일본에게 청군의 한반도 진입은 군사 개입의 빌미가 되었죠. 일본은 즉각 군대를 한반도에 상륙시키고 경복궁을 침입합니다. 그리고는 1894년 6월 23일 오전 7시, 결국 아산만 앞바다에서 일본 군함이 청나라 순양함을 공격하면서 청일전쟁이 발발하죠. 일본의 한반도 침략 및 식민지배가 본격화되는 서막이 열린 겁니다. 이로써 조선을 자신의 근대 식민지로 만들려고 한 청의 계획은 물거품이 됩니다.

중국은 언제부터 패권주의로 돌변했는가

많은 이가 중국의 패권 추구가 미국과 더불어 G2로 부상한 시진핑 집권 이후 본격화됐다고 말합니다. 그 전까지는 덩샤오핑의 도광양회(韜光養晦, 자신을 드러내지 않고 때를 기다리며 실력을 기른다) 전략에 따라 이런 속내를 감췄다는 거지요. 국제정치학자인 데이비드 강 미국 서던캘리포니아대 교수 등은 과거 중국 중심의 동아시아 조공 질서가 안정적으로 운영됐으며, 현재도 부상하는 중국과 주변국의 협력이 충분히 가능하다고 주장합니다. 과연 그럴까요?

김기혁 전 UC데이비스대 교수는 중국이 이미 19세기 후반 청나라 때부터 동아시아에서 팽창주의로 돌변했다고 말합니다. 당시 청이 종주국으로서 의례적 권한만 행사할 뿐 조공국 내정에 간여하지 않는다는 조공체제 질서를 어기고 팽창주의를 추구했다는 겁니다.• 중국이 일본과 러시아에 맞서 조선을 확보하기 위해 1882년 임오군란 때 조선 내정에 깊이 개입한 게 대표적입니다. 당시 청나라 총리였던 리홍장(李鴻章)은 대원군이 재집권할 경우 조선이 서양 열강과 체결한 조약을 폐기할 가능성이 높다고 판단했습니다. 이렇게 되면 서구 열강을 끌어들여 러시아를 견제하고 한반도에서 청의 독점적 지

● 정치·외교적으로 독립한 조공국은 속국과는 다른 개념입니다.

위를 유지하는 게 힘들어질 거라고 봤죠. 그래서 리훙장은 임오군란 직후 청군 파병과 대원군 납치를 주도하면서 수도 베이징과 가까운 한반도는 자국 안보에서 '핵심 완충국'이라는 논리를 내세웠습니다. 이로부터 68년 후 주변 참모들의 반대에도 마오쩌둥이 한국전쟁 참전을 결정한 이유도 이와 거의 같았습니다.

중국 패권주의 압축판 티베트

티베트는 중국의 아킬레스건이자 안보 위협 요소 중 하나입니다. 티베트는 1950년 중국의 침공 이전까지 독립국으로서 오랜 역사를 갖고 있는데다 한족(漢族)화된 중국 내 다른 소수민족과 달리 자신들만의 종교와 언어를 지키고 있습니다. 티베트인들의 항거는 이미 1959년 3월부터 본격화돼 중심지 라싸에서 벌어진 반중 시위로 8만 7,000명의 사망자(중국 정부 추산)가 발생하기도 했습니다.

이 사건으로 티베트 불교 지도자인 달라이 라마 14세가 1,000여 명의 추종자를 이끌고 인도로 넘어가 1960년 망명정부를 세우죠. 이뿐이 아닙니다. 극좌 공산주의 운동이 극에 달한 1960~1970년대 문화대혁명 때는 티베트 전통문화와 종교에 대한 파괴가 절정에 이릅니다. 한때 6,259곳에 달하던 불

2023년 영국 런던에서 열린 집회에서 한 티베트인이 중국 지배로부터 독립을 요구하고 있다.
(출처: the tribune)

교 사원이 8곳으로 줄고, 승려 59만 명 중 11만 명이 목숨을 잃었습니다. 티베트의 비극은 중국의 개혁·개방이 본격화된 1980년대에도 이어져 1989년 라싸 사건 30주기 때는 티베트인 400여 명이 사망하고 3,000명이 체포되는 유혈 참사가 벌어져 중국 정부가 계엄령을 선포했습니다.

티베트인들의 강력한 저항에 당황한 중국 정부는 티베트 일대에 경제개발(서부개발)을 통해 티베트인들을 회유하고자 했지만 이들의 불신은 여전합니다. 예컨대 중국 정부가 경제개발 명목으로 한족 이주를 적극 장려하는 걸 한족화를 통해 티베트의 고유 문화를 압살하려는 의도로 보고 있습니다. 중국 소수민족 정책의 근간인 중화민족다원일체론(中華民族多元一體論)은 다민족 국가의 일체화를 지향한다는 뜻으로 중국 내 55개 소수민족의 한화(漢化)를 추구한다는 의심을 사고 있죠. 한족이 중국 인구의 절대 다수를 차지하고 있는 데다 집권 공산당에서 지배적 위치를 독점하고 있기 때문입니다.

미중 갈등 이후 티베트 문제는 더욱 두드러지고 있습니다. 중국 지도부는 서방이 중국의 내부 분열을 꾀하기 위해 티베트 문제를 이용하고 있다고 의심합니다. 실제로 장쩌민(江澤民) 전 중국 주석은 1999년 티베트 문제와 관련해 "서방의 일부 적대세력이 국내 분열주의 세력과 긴밀히 연계해 민족, 종교 문제로 중국의 빈틈을 파고들어 분열시키려는 정치적 음모를 도모하고 있다"고 말했죠.

티베트와 더불어 조선족도 중국 내 주요 소수 민족이란 점에서 티베트 독립은 단순히 남의 일로만 치부할 수 없습니다. 조선족은 티베트처럼 분리 독립을 추구하고 있진 않지만 이들이 사는 중국 동북지역은 티베트처럼 상대적으로 낙후된 변경 지역이라는 공통점이 있습니다. 티베트에 대한 중국 정부의 정책은 조선족에도 영향을 미칠 수밖에 없는 구조인 셈입니다.

싱하이밍-티베트 논란 속 '갈라치기' 전술

싱하이밍 대사의 거친 발언과 티베트 관제 행사 논란은 그 1차 대상이 공교롭게도 당시 야당이던 민주당 의원들이었습니다. 이것은 단순한 우연의 일치일까요. 민주당은 윤석열 정부의 외교정책이 '친미 반중'이며 이것이 국익을 훼손한다고 줄곧 비판했습니다. 윤 정부의 한·미·일 삼각동맹 강화에 불만을 품은 중국으로서는 반反 정부 기조의 민주당을 끌어들여 '갈라치기'를 시도한 것으로 보입니다. 보수, 진보로 나뉘어 지지자들이 극렬하게 대립하는 한국의 정치 환경을 이용해 '탈중 노선'을 둘러싼 여론전을 펼치려는 의도를 갖고 있었을 겁니다.

'하나의 중국'에 집착하는 중국이 티베트 행사에 민주당 의원들을 초청한 것도 이와 무관치 않습니다. 서방이 티베트 문제를 이용하고 있다고 보는 중국 정부가 미국의 동맹인 한국의 정치인들을 중국의 티베트 지배 합리화에 끌어들인 겁니다. 한국 정치인들이 티베트 관제 행사에 동원돼 마치 '하나의 중국'을 지지한 것처럼 보이도록 함으로써 한미 간 불신을 조장할 수 있기 때문입니다. 결국 싱하이밍 대사와 티베트 행사 논란은 단순한 해프닝이 아닌, 구한말 위안스카이의 행태처럼 '중국 패권주의' 흐름에서 해석될 수 있습니다.

9장

키신저의 현실주의가
미국 외교에 남긴 유산

　미중 갈등에 이어 우크라이나와 중동에서 두 개의 전쟁을 동시에 치르면서 국제질서에서 힘의 논리를 강조하는 '현실주의 외교'가 부상하고 있다는 지적이 나오고 있습니다. 현실주의 외교는 17세기 독일의 분열을 추구한 프랑스의 리슐리외 추기경(1585~1642)이나 현란한 동맹 외교로 독일을 부흥시킨 비스마르크(1815~1898)가 대가로 꼽히죠. 전통적으로 현실주의 외교를 혐오해 온 미국에서도 현실주의 외교의 대가가 나왔으니 바로 헨리 키신저 전 국무장관입니다.

　그는 도덕이나 가치보다 '세력균형balance of power'을 통한 질서를 중시하며 이를 미국 외교에 접목하려고 노력했습니다. 국제정치 석학이자 고위 관료였던 그는 자신의 이론을 현실정치에 적용한 독특한 경력의 소유자였습니다. 그는 중동과 유럽뿐 아니라 미중 데탕트, 북미 관계 등 한반도 문제에까지 폭넓게 개입했죠. 그래서 키신저의 사상과 삶을 이해하는 건 오늘날 한반도를 둘러싼 국제정세를 이해하는 데 중요합니다. 《Diplomacy》 등 키신저의 저작 등을 통해 그의 학문과 사상이 미국 외교와 세계 정치에 미친 영향을 살펴보겠습니다.

키신저 외교관의 뿌리 '빈 체제'

키신저의 현실주의 외교관(外交觀)은 19세기 유럽 역사에 뿌리를 두고 있습니다. 이는 그의 1954년 미 하버드대 박사학위 논문 〈평화, 정당성, 그리고 균형: 캐슬레이와 메테르니히의 국정 운영에 관한 연구Peace, Legitimacy, and the Equilibrium: A Study of the Statesmanship of Castlereagh and Metternich〉의 주제이기도 하죠. 이 논문은 오스트리아의 메테르니히 수상과 영국의 캐슬레이 외무장관이 나폴레옹 전쟁 이후 유럽의 질서를 회복한 과정을 분석했는데, 나중에 《회복된 세계》라는 책으로 발간됐습니다.

키신저는 탈냉전 이후 세계질서가 양극 체제에서 벗어나 다수의 강대국들이 각축전을 벌이며 세력균형을 시도한다는 점에서 19세기 유럽의 '빈Wien 체제'와 유사하다고 보았습니다. 나폴레옹 전쟁으로 초토화된 직후인 19세기 초반 유럽에

미국 국무장관 재임 시절 리처드 닉슨 대통령(왼쪽)과 대화하는 헨리 키신저. 두 사람은 역사적인 미중 데탕트를 이끌었지만, 워터게이트 사건을 계기로 애증의 관계가 됐다.
(출처: 미 국립문서기록관리청(NARA))

서는 무너진 평화를 복원하는 동시에 공화정이라는 전염병을 차단하고 군주정으로 회귀하는 게 지상 과제였죠. 이것이 유럽 주요 강대국들이 1814년 오스트리아 빈에 모여 새로운 국제질서를 논의한 목적이었습니다.

당시 빈 회의에 참석한 각국 대표들은 동상이몽을 꾸었는데요. 나폴레옹을 굴복시킨 최강국 러시아의 차르(황제) 알렉산드르 1세에게 이목이 쏠립니다. 독실한 러시아 정교도였던 그는 1812년 지인에게 보낸 편지에 "예수 그리스도의 진정한 치세를 앞당기는 대의를 위해 세속의 모든 영광을 바칠 것"이라고 썼죠. 그는 빈 회의에서 형제애의 기독교 원리에 따라 상호 적대적인 세력균형을 포기하고 공동 평화를 추구하는 '신성 동맹Holy Alliance'을 주창합니다. 이에 대해 키신저는 "원칙에선 우드로 윌슨 미국 대통령의 구상과 반대이지만 이것은 윌슨이 구상한 세계질서의 전신(前身)이었다"고 평가했습니다. 알렉산드르 1세의 구상이 공동의 대의와 도덕 원칙에 입각한 윌슨주의(자유주의 외교)와 흡사하다고 본 겁니다.

키신저가 가장 존경하는 정치인으로 꼽은 오스트리아 수상 클레멘스 폰 메테르니히(1773~1859)는 새로운 국제질서를 도덕 원칙이 아닌 상호이익의 관점으로 접근합니다. 이에 따라 나폴레옹 전쟁을 일으킨 프랑스에 맞서 오스트리아, 러시아, 영국, 프로이센의 '4국 동맹' 주도로 세력균형의 회복을 시도합니다. 키신저는 메테르니히가 '군주정 회복'이라는 공통의 보수적 가치 아래 각국의 이해관계를 적절히 조율해 제1차 세계대전 전까지 약 100년에 걸친 장기 평화를 이루었다고 봤습니다. 미국의 〈워싱턴포스트〉는 2023년 키신저 부고 기사에서 "아무리 불완전한 동맹이라고 해도 협력을 통해 '힘의 균형'을 유지하며 세계질서를 지키는 것이 혼돈과 혁명보다 낫다는 키신저의 '현실정치Realpolitik'는 메테르니히에서 출발했다"는 분석을 내놨습니다.

빈 체제가 비교적 장기 평화를 가져온 데는 세력균형을 위해 패전국 프랑스까지 동맹으로 끌어들인 실리외교도 한몫했습니다. 빈 회의에서 4국 동맹은 나폴레옹이 해외 원정을 시

빈 회의 결과로 확정된 1815년 유럽 각국의 국경선. 프러시아의 영토가 확대되는 등 오랜 세월 분열됐던 독일의 통합이 이뤄지는 계기가 마련됐다. 그것은 유럽에서 또 하나의 비극을 잉태한 것이었다. (출처: 위키피디아)

작하기 직전의 프랑스 국경선을 인정해주었을 뿐 아니라 빈 체제가 성립된 지 불과 3년 만인 1818년엔 프랑스를 포함한 '5국 동맹'을 출범시킵니다. 1차 세계대전 직후 베르사유 조약에서 패전국 독일의 국경선을 대폭 축소하고 막대한 배상금을 물려 2차 세계대전의 불씨를 남긴 것과 비교됩니다.

이에 대해 키신저는 "메테르니히가 생각한 질서는 자국의 이익을 다른 국가들의 이익과 연결하는 것이었다"며 "빈 체제의 5국 동맹이 2차 세계대전 종전 후 독일이 '대서양 동맹'에 가입한 사건의 선례가 되었다"고 말합니다. 미국은 2차 세계대전 피해국 중 하나인 프랑스의 반발에도 독일의 재무장과 나토 가입을 추진하죠. 종전 후 미소 냉전이 본격화되면서 소련에 대한 대처가 최우선이었기 때문입니다.

태평양전쟁 피해 당사국인 미국이 1951년 샌프란시스코 강화회의에서 일본의 전쟁 책임에 대해 면죄부를 준 것도 비슷한 맥락입니다. 한국 등 일본 식민지배 피해국들의 반발이 있었지만 미국은 일본의 신속한 전후 복구와 경제성장을 지원하기 위해 배상 책임을 면제해 주었습니다. 동아시아에서 미국을 대신해 공산주의 확산을 막는 방파제 역할을 할 국가가 필요했기 때문입니다. 이른바 '샌프란시스코 체제'가 강력한 미일 동맹을 형성해 동아시아 평화에 기여했다는 평가가 나오지만 36년에 걸쳐 식민 지배를 겪은 한국으로서는 아쉬움이 클 수밖에 없습니다. 지금까지 일본의 과거사 반성이 미진한 건 샌프란시스코 체제의 영향이 크다는 분석도 있죠.

키신저는 여러 한계가 있음에도 냉엄한 국제정치 현실에서 빈 체제의 효용성은 크다는 입장입니다. 특히 19세기 유럽처럼 5~6개의 강대국과 많은 약소국으로 이루어진 탈냉전 이후의 국제 체제에서는 세력균형을 통해 상호 경쟁하는 국익을 조정하는 과정이 필수라는 겁니다.

현실주의 거부한 미국의 외교 전통

키신저는 빈 체제의 절묘한 세력균형을 예찬했지만 미국은 전통적으로 현실주의 외교와 거리를 둔 나라입니다. 이는 미국 특유의 지정학적 이점에서 비롯되었는데요. 오랜 세월 국경을 맞댄 여러 나라가 전쟁을 벌인 유럽 대륙과 대서양을 사이에 두고 멀리 떨어져 있는 데다 주변에 대적할 만한 경쟁국이 없었던 덕분에 세력균형의 필요성을 별로 느끼지 못했기 때문입니다. 유럽으로선 천혜의 요새를 갖춘 신생국의 배부른 소리로 들릴 수 있을 겁니다. 여기에 종교 박해를 피해 신앙의 자유를 찾아 신세계로 떠난 청교도 정신이 미국 특유의 도덕주의 외교로 이어졌습니다. 종교의 자유 등 미국식 민주주의 가치를 외교 원칙으로 관철해야 한다는 정서가 엘리트뿐 아니라 평범한 미국인들 사이에서도 보편화된 겁니다. 예를 들어 우드로 윌슨 미국 대통령은 1차 세계대전 참전을 국민에게 설득하면서 "세계 민주주의를 위해 나서야 한다"고 호소했습니다.

이 같은 이유로 키신저는 "미국 같은 이상주의적 외교 전통을 가진 나라는 세력균형을 자국 정책의 핵심 기반으로 삼을 수 없다"고 지적했습니다. 그러면서 "미국이 자국 이익에 대해 사용 가능한 정의를 내릴 수 있도록 현실에 대한 사려 깊은 평가를 이상주의와 결합시켜야 한다"고 제안했죠. 미국의 이상주의 전통을 상수(常數)로 보고 여기로 경도됐을 때의 외교적 폐해를 막기 위해 현실주의 외교를 절충해야 한다고 주장한 겁니다.

키신저는 미국이 이상주의로만 기울었을 때의 폐해로 2차 세계대전 종전 직전 윈스턴 처칠 영국 총리의 반대에도 루스벨트 대통령이 독일, 체코 등 중부 유럽을 점령한 미군을 철수시킨 사례를 듭니다. 당시 처칠은 얄타 회담 이후 노골화된 스탈린의 팽창주의에 맞서려면 미군의 유럽 철수를 최대한 늦춰야 한다고 주장했지만 루스벨트는 소련과의 갈등을 피하고 국민의 철군 여론을 충족시키기 위해 철수를 단행합니다. 키신저는 루스벨트가 전후 승전국 간 경쟁 가능성에 대비하지 않은 건 세력균형의 복원을 피하려고 했기 때문이라고 말했습니다. 세력균형을 혐오한 루스벨트가 전시 동맹국들이 함께 참여하는 '집단안보' 체제를 구축하려고 했다는 거죠.

하지만 이는 키신저가 보기에 순진한 구상이었습니다. 군주정 회귀라는 공동의 보수적 가치로 엮인 빈 체제와 달리 2차 세계대전 직후 승전국들은 '사회주의 vs. 자본주의'라는 이데올로기 갈등을 안고 있었기 때문입니다. 게다가 팽창주의에 젖어있던 스탈린이 독일이라는 최대 위협이 제거되자 연합국에 협조할 의사가 별로 없었던 점도 큰 영향을 미쳤습니다. 실제로 스탈린은 종전 직후 미국과 영국의 반대에도 불구하고 동유럽 국가들을 잇달아 점령해 위성국으로 만들었습니다. 키

1943년 테헤란회담 당시 스탈린, 루스벨트, 처칠(왼쪽부터). 키신저는 2차대전 종전 직후 루스벨트의 유럽 주둔군 조기 철수 결정 등이 스탈린의 야욕을 키웠다고 봤다.

신저가 "나폴레옹 전쟁이 끝나기 전에 영국의 캐슬레이가 약소국의 자유에 대한 동맹국들의 약속을 받아냈던 것처럼 스탈린이 연합국의 도움을 필요로 했을 때 전후 처리에 대한 합의를 이끌어냈어야 했다"고 말한 이유입니다.

키신저 외교에 대한 다양한 비판들

미중 데탕트와 중동에서 외교적 성공 등 키신저의 현실주의 외교는 많은 성과를 남겼지만 한계도 존재합니다. 특히 그가 강조한 세력균형이 강대국 중심의 시각에 치우쳐 약소국들의 인권이나 이익을 무시했다는 지적을 받습니다. 닉슨 행정부가 1971년 방글라데시 독립 전쟁에서 파키스탄 정부에 무기를 제공한 게 대표적입니다. 당시 미국은 미중 수교를 위한 통로로 파키스탄을 활용하기 위해 무자비한 독립 진압을 도왔습니다. 이와 더불어 닉슨 행정부가 베트콩의 거점을 장악하기 위해 1970년 벌인 캄보디아 침공은 이후 크메르루즈 살인 정권이 들어설 수 있는 토대를 마련했다는 비판을 받았습니다. 미국의 전략적 이익을 위해 약소국을 희생시켰다는 거죠.

키신저의 현실주의 외교가 전략적 이익에 치중한 나머지 비윤리적이라는 비판도 있습니다. 예컨대 키신저가 1969년 닉슨 행정부에 참여하기 전부터 베트남전 승리가 불가능하다는 걸 알았으면서도 미국의 대외 위신 때문에 3년 뒤에야 미군 철수 협상에 나서 희생을 키웠다는 비판이 대표적입니다 (2021년 미군의 아프가니스탄 철수도 미국 패권 약화의 상징으로 두고두고 회자되고 있습니다). 결국 미국은 최소한의 체면을 세우기 위해 베트남과 1973년 파리 평화협정을 맺고 미군 철수에서 남베트남 패망까지 약 2년의 시간을 확보했습니다. 키신저는 도덕성 비판에 직면하자 파리 평화협정으로 받은 노벨평화상을 자진 반납하겠다는 의사를 밝히기도 했습니다.

1975년에는 소련 체제를 비판하며 망명한 러시아 작가 솔제니친과 제럴드 포드 미 대통령의 백악관 면담에 반대해 레

1968년 베트남전쟁 당시 폐허가 된 사이공 시내. 베트남전에서 키신저의 '명예로운 철군' 전략은 미군의 희생을 키웠다는 비판을 받았다.

이건을 비롯한 공화당 강경파의 비판을 샀습니다. 솔제니친이 소련의 폭압에 용기 있게 저항한 자유주의의 상징이지만 소련과의 데탕트 정책에 부정적 영향을 초래할 수 있다고 보았기 때문입니다. 이와 같은 철저한 국익 중심 외교는 키신저 자신의 태생적 뿌리를 외면하는 결과도 낳았습니다. 소련 정부가 유대인의 해외 이민을 허용한다는 조건으로 미국이 소련과 정상적 무역관계를 허용한 1974년 '잭슨-바닉 법안'에 키신저가 반대한 겁니다. 자신도 나치의 박해를 피해 십대 때 독일에서 미국으로 이주한 유대인이었음에도 키신저는 "소련과의 데탕트에 걸림돌이 될 수 있다"며 자유를 찾아 이주하기를 희망한 동족을 외면했다는 비판을 받았습니다. 이에 대해 현실주의 외교를 신봉한 국제정치학자 한스 모겐소조차 "도덕에 대한 고려가 부족하다"며 비판에 가세했죠. 사실 모겐소는 미국 외교가 도덕주의에 너무 경도돼 성전(聖戰)을 벌이려는 경향이 있다고 비판한 장본인이었습니다. 도덕 외교의 한계를 지적한 키신저의 입장과 일치하죠. 키신저 전기를 쓴 저명 저널리스트 월터 아이작슨도 "키신저는 미국 민주주의 체제의 개방성에서 파생되는 힘이나 미국이 세계에 미치는 영향력의 원천인 '도덕적 가치'에 대해선 무신경했다"고 평가합니다.

키신저가 금과옥조로 여긴 세력균형에 대해서도 이견이 존재합니다. 학계 일각에선 세력균형에 대한 과도한 집착이 적대적 동맹을 형성해 1차 세계대전을 촉발했다고 주장합니다. 이에 대해 키신저는 1차 세계대전을 초래한 건 오히려 세력균형의 포기였다고 반박하죠. 전쟁을 피하기 위해 끊임없이 동맹관계를 조정한 빈 체제의 교훈을 1차 세계대전 당시 유럽 지도자들이 망각했다는 겁니다.

키신저가 살아있었다면 현 트럼프 2기 행정부에 대해 어떤 평가를 내렸을까요. 중국과 갈등 수위를 높이면서도 동맹을 활용한 세력균형엔 소극적인 외교 행태에 대해 높은 점수를 주긴 힘들었을 겁니다.

2부
롤러코스터 남북한 관계사

10장

한국-쿠바 수교와
남북한 외교 전쟁

    2024년 2월 한국과 쿠바의 수교가 발표되자 북한이 일본과 정상회담 가능성을 타진하는 등 남북 관계에 적지 않은 영향을 미쳤습니다. 북한과 쿠바는 김일성, 카스트로 집권 시절부터 반미를 축으로 끈끈한 외교관계를 과시했었죠. 하지만 그해 2월 1일 김정은 북한 국무위원장이 쿠바 혁명 65주년 축하 전문을 보내고 2주일도 되지 않아 한-쿠바 수교가 발표된 데 대해 북한이 제대로 뒤통수를 맞았다는 분석이 나왔습니다. 쿠바의 일거수일투족을 보도하던 북한 언론이 한-쿠바 수교 직후 쿠바 관련 동정을 일절 다루지 않는 데서 북한이 받은 충격을 짐작할 수 있습니다.

    미국 뉴욕의 주유엔대표부를 통한 한-쿠바 접촉은 비밀리에 급속도로 이루어졌는데 수교 기념사진조차 남기지 않을 정도였죠. 그만큼 양국이 각각 우방인 미국과 북한의 심기를 살핀 거라고 볼 수 있습니다. 사실 이번 수교는 70여 년에 걸친 남북한 외교전의 연장선에 있다는 분석도 있습니다. 남북한 체제 경쟁이 치열한 외교전으로 비화했던 1960~70년대로 시계를 돌려보겠습니다.

북방외교의 효시, 박정희 '6.23 선언'

"남한과 북한의 외교전은 이제부터 시작입니다."

1973년 6월 23일 박정희 대통령이 모든 재외공관에 보낸 친서 중 일부입니다. 박 대통령은 "지금까지는 북한과 절차적 문제를 놓고 외교전을 벌였으나 앞으로는 본질적인 문제로 외교전을 벌여야 하기에 몇 곱절 더 치열한 외교전을 각오해야 할 것"이라고도 했죠. 비장한 어조의 대통령 친서에 당시

1973년 6월 23일 박정희 당시 대통령이 '6.23 평화통일 외교정책 선언'을 발표하고 있다.
(출처: e영상역사관)

외교관들이 적지 않은 부담을 느꼈으리라 짐작됩니다. 아이러니하게도 이날은 박 대통령이 대국민 연설을 통해 '6.23 평화통일 외교정책 선언'을 발표한 날이었습니다. 발표 제목만 봐서는 남북 화해를 언급한 것 같은데, 재외공관에는 '치열한 대북(對北) 외교전'이라니, 이게 무슨 조화일까요? 이 기묘한 상황을 이해하려면 미중 데탕트로 대표되는 이 시기 국제정세가 한반도에 미친 파장을 짚어야 합니다. 일단 그 전에 6.23 선언의 내용부터 훑어보죠. '6.23 선언'의 골자는 크게 네 가지입니다.

첫째, 남북통일은 평화적 방법으로 달성돼야 한다.
둘째, 남북한 긴장 완화에 도움이 된다면 북한이 유엔 등 국제기구에 참여하는 걸 반대하지 않는다.
셋째, 남한은 통일에 장애가 되지 않는다는 전제하에 북한과 함께 유엔에 가입하는 걸 반대하지 않는다.
넷째, 남한은 호혜평등의 원칙에 따라 이념과 체제를 달리하는 공산권 국가들에 문호 개방을 촉구한다.

내용만 봐서는 남북한 체제경쟁이 극심했던 당시로선 매우 이례적인 조치로 1980년대 후반 노태우 정부가 추진한 북방정책의 효시로 평가됩니다. 하지만 6.23 선언의 속내는 북한과의 진정한 화해협력 추구라고 보기는 어렵습니다. 이보다는 새로운 차원의 대북 외교전에 가깝지요.

실제로 당시 외무부는 박 대통령의 6.23 선언 직후 내부 보고서에서 "외교 면에서 남북전쟁의 상황이 전개될 것임에 대비해 우리가 항시 북한에 비해 외교적 우위를 견지할 수 있는 대책이 마련돼야 한다"고 적시했습니다. 이와 더불어 "중소 간 적대관계를 활용, 공산권 내에서 북한의 지위를 약화시키고 국익에 유익한 방향으로 대공산권 정책을 추진한다"는 계획도 포함했죠.

북한도 6.23 선언 이면의 속내를 놓치지 않았습니다. 선언 바로 다음 달인 1973년 7월 남한은 공산권 국가 중 소련의 영향권에서 상대적으로 벗어나 있던 유고슬라비아에 통상 사절단을 보냅니다. 북방정책의 닻을 올린 겁니다. 앞서 한국은 1971년 9월 코트라KOTRA 사장을 단장으로 하는 경제사절단을 보내는 등 유고와의 경제교류에 공을 들였죠. 하지만 유고에 무역대표부를 개설해 교역을 시작하려고 한 시도는 결국 실패합니다. 북한의 부탁을 받은 중국의 방해 공작으로 유고 정부가 사소한 사안을 갖고 트집을 잡아 협상을 좌초시켰기 때문입니다. 남북한 모두 상대방의 외교 입지가 넓어지는 걸 막기 위해 끊임없이 견제하는 일이 계속 벌어졌습니다.

사실 6.23 선언이 발표된 1973년은 한국 외교사에서 '좌절의 해'로 기록돼 있습니다. 정부의 온갖 외교전에도 불구하고 북한이 그해 4월 28일 비정부 간 국제기구인 국제의회연맹IPU

에 이어 5월 18일 세계보건기구who 가입에 연이어 성공했기 때문입니다. 특히 북한의 WHO 가입은 북한이 건국 이후 처음으로 유엔 체제에 편입됐다는 점에서 남한에 뼈아픈 일이었죠. 한국전쟁 발발 이래 미국의 입김으로 남한만이 특권적으로 누려온 유엔 옵서버observer 지위가 북한에도 허락된 겁니다. 이에 따라 북한은 1973년 이후부터는 유엔에서 남한과 거의 대등한 위치에서 발언권을 행사할 수 있게 됐죠. 이에 따라 6.23 선언을 북한의 국제사회 진출을 봉쇄할 수 없었던 현실을 감안한 박정희 정부의 정책 전환으로 보는 시각도 있습니다. 정부가 남북한 유엔 동시 가입을 전격적으로 제안해 북한에 역공을 가하는 동시에 동구 사회주의권으로 외교 공간을 넓히려고 했다는 겁니다.

미중 데탕트와 한반도 안보 위기

이제 처음의 문제의식으로 돌아가 한국에 안보 위기를 가져온 미국과 중국의 화해 국면을 들여다보겠습니다. 1973년 박정희 대통령이 6.23 선언과 동시에 북한에 대한 외교전에 나선 건 미중 데탕트로 초래된 국제정세 변화가 결정적 영향을 미쳤습니다. '미국과 중국이 화해하면 한반도에 안정이 찾아오는 게 아닌가?'라고 생각할 수 있지만 현실은 그렇지 않

김일성 주석이 1972년 11월 3일 평양을 방문한 이후락 중앙정보부장과 악수하고 있다.

았습니다. 중국과의 화해로 나아간 미국이 한반도에서 전쟁 가능성이 낮아졌다고 보고 주한미군 철수를 추진했기 때문입니다(미중 데탕트 당시 양국은 한반도의 '현상 유지'를 위한 안정적 관리에 합의했습니다).

게다가 1960~70년대 북한의 각종 무력도발은 끊이지 않았습니다. 1968년 1월엔 북한군 특수부대원 31명이 청와대를 습격하기 위해 휴전선을 넘어 남한에 침투했습니다(1.21 사태). 북한이 남한의 최고 권력자를 제거하는 이른바 '참수 작전'에 나설 정도로 남북 관계가 험악했던 겁니다.

박정희 정부는 소련제 탱크와 순항미사일, 미그21 전투기 등을 보유한 북한의 당시 군사력이 남한을 압도하고 있다고

1972년 2월 중국을 방문한 리처드 닉슨 미국 대통령이 마오쩌둥 중국 국가주석과 악수하고 있다. 미중 데탕트는 남북관계에도 커다란 영향을 미쳤다. (출처: 뉴리퍼블릭)

봤습니다. 북한에 대한 위협 인식에 있어 한국과 미국이 큰 차이를 보였던 겁니다. 이런 상황에서 주한미군 일부를 철수하겠다는 미국의 정책 방향을 한국은 도저히 이해할 수 없었습니다. 이는 박정희 정부가 대 북한 외교전과 더불어 핵무기 개발 등 자주국방 강화로 기우는 배경이 됐습니다.

한미동맹 균열은 1.21 사태 이틀 뒤 터진 북한의 푸에블로호 나포 사건에서 절정을 이룹니다. 1968년 1월 23일 미 해군 정보수집함 USS 푸에블로호가 원산 앞바다에서 북한 해군의 공격을 받고 나포 당한 사건입니다. 당시 미군 승조원

1명이 사망하고 나머지 82명이 북한에 억류됐다가 그해 12월 23일 본국으로 귀환했습니다. 자국 해군 병사들이 납치되는 사건이 발생하자 1.21 사태에 대한 한국 정부의 보복 공격 주장에 별 관심을 기울이지 않던 미국은 영해 침입을 사과하는 등 신속한 대응에 나섰습니다. 그러자 박정희는 푸에블로호 사건을 1.21 사태와 연계해 대응하고자 했죠. 하지만 미국은 남한을 배제한 채 북한과 단독 협상을 벌였습니다. 미국의 이런 일방적인 행동은 박정희의 자주국방 의지를 부추기는 결과를 낳습니다.

무엇보다 한국 정부에 큰 충격을 안긴 건 닉슨 행정부의 주한미군 감축 발표였습니다. 한국의 강력한 반발에도 멜빈 레어드 미 국방장관은 1970년 5월 29일 "주한미군 일부 철수 계획을 수립하기 시작했다. 철수는 점진적으로 추진될 것이고 1개 사단 이하 병력부터 철수할 것"이라고 공식 발표했습니다. 그러고는 실제로 이듬해 6월 말까지 주한미군 1만 8,000명이 감축되었죠. 이에 극도의 안보 불안을 느낀 박정희는 절치부심 끝에 핵무기를 개발하기로 결정합니다. 게다가 닉슨 행정부는 북한이 무력도발을 일삼는 상황에서도 주한미군 감축에 그치지 않고 한국 정부에 북한과의 대화를 압박합니다. 이에 박정희는 1970년 광복절 경축사에서 '8.15 평화통일구상 선언'을 발표하며 의미심장한 메시지를 발신하죠.

"민주주의와 공산독재 중 어느 체제가 국민을 더 잘 살게

할 수 있으며 그럴 수 있는 여건을 가진 사회인가를 입증하는 개발과 건설, 창조의 경쟁에 나설 용의는 없는가를 (북측에) 묻고 싶은 것입니다."

그의 단도직입적인 발언 속에는 북한과 대화를 추구하되 남북 체제경쟁에서 남한이 반드시 승리한다는 강한 확신이 담겼습니다. 닉슨의 대화 압박에도 박정희는 무력통일을 포기하지 않는 북한을 진정한 화해 협력의 대상으로 보지 않았습니다. 남북한 체제경쟁에서 이겨야 할 대상으로 봤죠. 이것이 3년 뒤 6.23 선언을 발표하면서 박정희가 대북 외교전에서 승리를 재외공관에 주문한 배경입니다.

사실 박정희가 북한과의 대화에 나선 건 닉슨 행정부의 압력과는 별도로 전략적인 이유도 있습니다. 1970년대 고도 경제성장이 본격화됐지만 자주국방 강화에는 어느 정도 시간이 필요했던 거죠. 즉 시간을 벌고 북한의 침략을 지연시킬 목적으로 그가 남북 대화를 추진한 측면도 있었습니다. 박정희는 1971년 남북 대화에 나서면서 참모들에게 "아무리 적의를 가진 사람이라도 그의 한쪽 손을 붙들고 있으면 그가 나를 칠지 안 칠지 바로 알아차릴 수 있다"고 말했습니다.

박정희 시대 안보위기를 가져온 미중 화해는 최근 미중 갈등으로 180도 바뀌었습니다. 미중 갈등이 북한의 핵 위협과 맞물려 한국의 안보 불안을 키우고 있지만, 역으로 생각해 보면 북중에 대한 위협 인식을 매개로 한미동맹이 굳건해질 수 있는 토대가 마련된 셈입니다. 다만 동맹체제를 경시하는 도널드 트럼프 대통령이 2025년 재집권하면서 상황이 바뀔 여지가 생겼습니다. 주한미군 철수에 대비해 자주국방 강화를 검토한 박정희 정부 사례에서 보듯 특단의 안보 대책이 강구돼야 한다는 주장이 나오는 이유입니다.

11장

김정은 '민족통일 포기'의 역사적 의미

 2023년 12월 김정은 북한 국무위원장이 남북한을 '동족 관계'가 아닌 '적대적 두 국가 관계'로 규정한 데 이어 대남기구 폐지 조치 등을 내놓으면서 한반도의 긴장 수위가 높아졌습니다. 심지어 북한 당국은 각종 기록영화 배경에 찍힌 한반도 이미지를 북한 영토로 수정하는 디테일까지 발휘했죠. 이런 여파로 국제위기그룹ICG은 2025년 1월 대만 대신 한반도를 '10대 분쟁 지역'에 포함했습니다. 북한은 정말 민족통일을 포기한 걸까요?
 그런데 이보다 더 주의를 끄는 건 김정일 집권 당시 3년의 유훈통치 기간을 둘 정도로 선대 수령의 교시를 절대시하는 북한에서 수령이 앞장서 민족통일을 포기했다는 겁니다. 김일성-김정일은 생전에 마르고 닳도록 '자주적 민족통일'을 강조했었지요.

김정은이 쏘아 올린 '민족 담론'의 포기가 남북한 역사에서 갖는 의미가 무엇인지 살펴보겠습니다.

김일성 '민족통일론' 폐기한 김정은

"하나의 민족, 하나의 국가, 두 개의 제도, 두 개의 정부에 기초한 연방제 방식으로 통일하는 것은 우리나라의 현 실정에 맞는 조국통일 방도의 대원칙입니다."

김일성 북한 주석은 1991년 신년사를 통해 '느슨한 연방제'를 제안하면서 민족을 앞세웠습니다. 북한은 1993년 김일성이 직접 제기한 '전 민족 대단결 10대 강령'을 발표하면서 "북에 있건 남에 있건 해외에 있건 공산주의자건 민족주의자건 무산자이건 유산자이건 무신론자이건 유신론자이건 모든 차이를 초월해 우선 하나의 민족으로 단결해야 하며 조국통일의 길을 함께 열어 나가야 한다"고 역설했죠. 김정은의 '적대적 2국가론'이 할아버지이자 초대 수령인 김일성의 교시를 정면으로 어긴 거라는 지적이 나오는 이유입니다.

사실 김일성이 제기한 북한의 민족통일론은 단순한 정치 전술에 국한된 게 아닙니다. 북한의 민족주의는 1960년대 후

김정은 북한 국무위원장이 2023년 12월 조선로동당 중앙위원회 전원회의에서 '적대적 2국가 론'을 발표하고 있다. 이는 김일성, 김정일 선대 수령의 교시와 어긋나는 내용이라 주목된다.
(출처: 조선중앙TV)

반 유일 지배 체제를 구축하면서 제기된 주체사상과 직결되죠. 1960년대 첨예한 중소 갈등 와중에 김일성이 친중파(연안파)와 친소련파를 제거한 핵심 명분이 '민족 자주'였기 때문입니다.

외세의 간섭을 물리치겠다는 김일성의 명분론이 북한에서 먹힌 건 아이러니하게도 일본 덕분입니다. 엄혹한 일본 식민 지배를 거치면서 이른바 '저항적 민족주의'가 남북한을 가리지 않고 민중들의 심장에 꽂혔기 때문이죠. 이처럼 '외세=악의 세력'이라는 논리가 김일성이 친중, 친소파를 제거하는 데 유용하게 활용됐습니다.

1인 지배 체제 구축을 계기로 주체사상이 북한의 정치, 경제, 문화 등을 규율하는 지배 이데올로기로 등극하면서 주체사상과 결합한 '북한판 민족주의'가 사회 전반에 스며들게 됩니다. 예컨대 김일성은 1983년 연설에서 "오늘 신흥세력 나라들이 건설하여야 할 참다운 민족문화는 주체가 선 문화, 주체적인 문화입니다. 주체적인 문화란 자기 민족의 특성과 자기 나라 혁명의 이익에 맞는 문화이며 인민대중이 그 창조자로 되고 향유자로 되는 문화입니다"라며 문화 영역에서도 '주체적 민족문화'를 강조합니다.

그런데 흥미로운 건 주체사상이 확립되기 전, 북한에서 민족주의는 일종의 금기어였다는 사실입니다. 이른바 '국제 공산주의'를 신조로 여기는 정통 마르크스 레닌주의에서 민족주의는 일종의 '독소'로 여겨지기 때문입니다. 레닌은 전 세계 노동자들이 자본가에 맞서는 계급투쟁에서 승리하려면 민족을 뛰어넘어 서로 연대해야 한다고 주장했죠.

실제로 민족주의에 대해 1985년판 《북한 철학사전》은 "전 민족적 이익을 내세우면서 자기 민족 내의 부르죠아지의 이해관계를 합리화하는 사상"이라고 해설했습니다. 하지만 1992년판 《조선말 대사전》에서는 민족주의를 "민족의 이익을 옹호하는 진보적 사상. 봉건주의를 반대하는 부르죠아 민족운동 시기에는 인민대중의 이익과 함께 신흥 부르조아지의 이익까지 포괄하는 민족공동의 이익을 반영한다. 단일 민족국가인 우리나라에서 진정한 민족주의는 곧 애국주의로 된다"며 긍정적 의미를 살렸습니다. 북한이 정통 마르크스 레닌주의에서 이탈해 주체사상으로 이행하는 모습을 이를 통해서도 확인할 수 있습니다.

남북한 통일담론의 적대적 의존성

"1972년 공포된 남북한의 헌법은 시기뿐 아니라 1인 지배 강화 등 내용상에도 공통점이 많다."

1972년 말 미국 국무부 정보조사국Bureau of Intelligence and Research은 그해 발표된 남한 '유신헌법'과 북한 '사회주의 헌법'의 유사성에 주목한 보고서를 작성했습니다. 그러면서 남북한 당국 간 정보공유 가능성을 제기했습니다. 두 헌법 모두 남북한 정부가 분단 후 처음으로 합의 발표한 '7.4 남북공동성명' 직후에 발표됐죠.

박정희 대통령이 1972년 10월 발표한 '10월 유신'은 미중 데탕트로 초래된 미군 철수 등 안보 위기에 대응한다는 명분 아래 장기 집권의 길을 연 초헌법적 조치입니다. 그런데 같은 해 김일성도 주체사상을 헌법 조문에 규정함으로써 1인 지배 체제에 쐐기를 박습니다. 남북한 정권이 민족통일을 자신들의 국내 정치에 활용한 겁니다. 학계 일각에선 당시 남북한이 '적대적 의존관계'였다는 분석까지 내놓고 있습니다.

7.4 남북공동성명에 이어 유신체제가 등장했을 때 남북한의 움직임이 이런 맥락에서 눈길을 끕니다. 당시 박정희 정부는 유신헌법 발표에 앞서 북한 고위층을 접촉해 이해를 구하는 등 남북대화 유지에 공을 들입니다. 유신 선포의 명분 중 하나가 평화통일 추구였기 때문입니다. 북한 역시 남북대화 중단을 우려해 유신체제 출범 직후 남한에 대한 비판을 자제하는 행태를 보였습니다. 김일성은 1974년 우쓰노미야 도쿠마 자민당 의원과의 대담에서 "남북대화가 이제 막 시작되었기 때문에 남한에 대한 비판이 남북대화 중단으로 이어질 우려가 있었다. 그래서 우리는 큰 인내심을 발휘해 남북대화를 계속하기로 결정했다"고 말했습니다.

하지만 북한의 진의는 평화공존과는 거리가 먼 것이었습니다. 1972년 11월 8일 북한 외교부 부부장 이만석은 평양 주재 동독, 체코슬로바키아, 폴란드 대사에게 "북한이 남한의 유신 조치를 비판하면 야당이 더 탄압받는 결과를 초래해 '남조선 혁명'을 전개할 수 있는 입지와 공간을 잃게 될 것"이라고 말했습니다. 반정부 세력을 통해 남한 정부를 흔들려는 목적으로 남북대화를 이어가기 위해 유신 체제에 대한 비난을 삼갔다는 얘기입니다.

이처럼 7.4 남북공동성명에서 남북한의 민족통일 담론은 국내 정치적 목적과 체제경쟁 구도에서 자유롭지 못했습니다. 물론 남한 민주화 이후 통일 논의는 군사독재 시절과 달라졌지만 남북한 모두 국내 정치의 수단으로 이를 이용한 측면이 있습니다. 북한의 적대적 대남 정책, 북러 밀착 등으로 한반도 안보 위험이 커진 지금, 남북한 간 긴장을 완화하는 새로운 민족 담론을 제시할 필요가 있습니다.

12장

북한 비핵화 협상과 제2차 세계대전의 교훈

　트럼프 2기 행정부에서 북핵 문제를 어떻게 풀지 관심이 쏠리고 있습니다. 비핵화 대신 핵 군축을 대가로 대북 제재를 해제하는 '스몰 딜small deal' 방안이 거론되는 가운데 도널드 트럼프 대통령은 취임 직후 김정은 국무위원장과 대화 재개를 제안했습니다. 북핵 문제를 전망하려면 트럼프 1기 행정부 당시 북미 대화를 찬찬히 되짚어 볼 필요가 있습니다. 특히 2018~2019년 북한 비핵화 협상이 하노이 북미 정상회담 결렬로 귀결된 원인을 분석하는 게 중요합니다. 이런 측면에서 문재인 전 대통령이 2024년 5월 펴낸 외교·안보 분야 회고록 《변방에서 중심으로》를 살펴보는 건 의미가 있습니다. 제2차 세계대전 초기 서유럽에서 홀로 나치와 맞서며 절체절명의 위기를 극복한 윈스턴 처칠 전 영국 총리의 회고록을 참고해 분석하겠습니다.

김정은 비핵화 약속 vs 히틀러 재무장

북핵 협상에서 핵심은 북한의 '진의(眞意)'와 '비핵화 개념'입니다. 비핵화 진의는 다른 말로 하면 북한이 정말로 핵 무력화를 추구하느냐 하는 '진정성'의 문제입니다. 비핵화 개념은 핵물질, 핵탄두, 미사일(발사체), 핵 연구소, 개발 인력 등 다양한 핵 개발 요소 중 어디까지 무력화해야 비핵화에 해당하느냐는 '범주'의 문제입니다. 이 두 가지에 대한 남·북·미 3국의 인식 차이가 결국 2019년 '하노이 노딜'이라는 파국을 낳았습니다.

2019년 당시 북한의 비핵화 진의에 대해선 북한이 제재 완화를 통한 경제개발을 위해 비핵화에 나섰다는 의견과, 부분적 비핵화로 계속 핵을 보유하면서 일부 제재 완화를 노린 거라는 의견이 엇갈립니다. 전자는 문재인 전 대통령의 시각에, 후자는 2019년 당시 트럼프 대통령의 시각에 각각 해당합니다. 문 전 대통령은 자신의 회고록에서 북한의 비핵화 의지가 진심이라고 수차례 강조하면서 이런 글을 남겼습니다.

"(김정은 위원장이) 자신들은 진심으로 체제 안전만 보장되면

2019년 6월 문재인 대통령과 도널드 트럼프 미국 대통령, 김정은 국무위원장이 판문점 남측 자유의 집에서 함께 걸어 나오고 있다. 환하게 웃는 남북한 정상들 사이에 트럼프의 일그러진 표정이 대조를 이룬다.

핵을 내려놓을 것이라면서 이런 표현을 쓰기도 했습니다. 나도 딸이 있는데 딸 세대한테까지 핵을 머리에 이고 살게 할 수는 없는 거 아니냐, 안전만 보장된다면 우리가 왜 세계로부터 제재니 뭐니 그런 어려움을 겪으면서 핵을 머리에 이고 살겠느냐, 언제든지 우리는 내려놓고 싶다, 미국이 자신들의 진정성을 믿게 하려면 어떻게 하는 것이 좋겠느냐는 이야기도 했고요. '문 대통령께서 그런 이야기를 미국에 잘 전해달라'라고 부탁하기도 했습니다." 《변방에서 중심으로》 p.116~117)

그런데 문제는 사람이든, 국가든 상대방의 의도를 말에 의존해 파악하는 건 위험할 수 있다는 겁니다. 왜냐하면 말은 언제든지 바뀔 수 있기 마련이며, 시간이 흐르고 상황이 변함에 따라 의도 자체도 변할 수 있기 때문입니다. 예컨대 북한이 미국으로부터 안보 위협 때문에 핵을 개발했더라도 완성된 핵 무력을 내세워 체제를 안정시키고 있다면 국내 정치적 목적이 더 커졌다고 볼 수 있겠죠. 이것이 현실주의 외교론자들이 상대국의 불확실한 의도보다 힘의 균형을 중시하는 이유입니다. 처칠이 2차 세계대전 발발 전부터 히틀러에 대한 유화책을 거부하고 공세적 대응에 나설 것을 강조한 것도 같은 맥락이죠. 그는 자신의 회고록 《제2차 세계대전》에 이런 내용을 남겼습니다.

"독일의 상황은 문명국가의 그것과는 판이하게 다르다는 것이었다. 공포와 피비린내 나는 폭력을 바탕으로 한 독재체제가 세계를 상대로 마주 선 것이었다. 그 증거가 너무나 명백한 '독일 재무장'의 전 과정은 나에게는 무자비하고 섬뜩하게 느껴졌다." (《제2차 세계대전》 p.82)

대(對) 독일 유화파로 직전 영국 총리였던 네빌 체임벌린이 히틀러와 굴욕적인 '뮌헨 협정'을 맺어 나치의 야욕을 키울 때 처칠은 독일의 지속적인 '재무장'에 주목했습니다. 히틀러의 군사력 집착이 결국 전쟁으로 이어질 수밖에 없음을 간파한 거죠. 뮌헨 협정으로 체코를 얻은 독일은 이 나라의 35개 전투사단을 획득한 동시에 스코다(체코 자동차 생산업체) 공장을 통해 군수품 생산에 박차를 가할 수 있었습니다.

결국 특정 시점에서 최고 지도자의 발언에 근거해 상대국의 의도를 파악하기보다는 행동으로 드러나는 '힘의 추구'를 주목하는 게 중요할 수 있습니다. 이를 한반도에 적용하면 북한 비핵화 협상이 진행 중일 때도 북한이 핵무력을 증강하는지 여부를 살펴보는 일일 겁니다. 예를 들어 2018년 8월 국제원자력기구IAEA 보고서에 따르면 북한은 미국과 비핵화 대화를 진행하던 2017~2018년에도 핵개발 프로그램을 계속 진척시켰습니다. 국가정보원은 2018년 11월 국회 정보위원회 간담회에서 북한이 핵탄두 소형화 등을 지속하고 있으며 이런 동향은 싱가포르 정상회담 이후에도 포착됐다고 밝혔습니다.

북한과 미국의 엇갈린 '영변 핵시설' 가치

'비핵화 개념'을 둘러싸고도 북한과 미국은 현격한 시각 차이를 보였습니다. 이는 북한이 스스로 비핵화 대상으로 제시한 영변 핵시설에 대한 가격을 어떻게 매기느냐pricing와 직결된 문제였습니다. 당연히 북한은 영변 핵시설이 자기네 핵 능력에서 절대적 비중을 차지한다며 전면적인 제재 해제를 요구했습니다. 문재인 정부도 이를 미국에 설득했는데, 트럼프 행정부의 생각은 달랐죠. 문 전 대통령의 회고록으로 다시 돌아가 보겠습니다.

"트럼프 대통령과 내가 이른바 CVID(완전하고 검증가능하며 불가역적인 비핵화 원칙) 개념에 대해 의견을 주고받은 적이 있어요. 북한의 모든 핵이 완전히 다 없어져야만 불가역적인 상태가 되는 게 아니고 되돌릴 수 없는 단계가 되면 불가역적인 상태에 접어드는 것이어서 20~30%가 폐기되거나 불능화되면 그때부터는 비핵화의 불가역적인 단계에 들어가는 것으로 볼 수 있다고 의견을 모은 바 있어요."《변방에서 중심으로》p.284)

여기에서 '20~30%'라는 숫자가 눈에 띕니다. 20~30% 수준의 불능화라도 비핵화로 접어들었다고 볼 수 있다는 겁니다. 문 전 대통령은 트럼프 대통령도 이에 동의했다고 썼지만 하노이 북미 정상회담에서 트럼프의 결정은 그렇지 않았습니다. 트럼프는 하노이 회담장을 박차고 나온 당일 기자회견에서 "미국과 북한의 비핵화 개념이 다르다"며 "미국이 생각하는 비핵화 개념은 핵물질과 핵무기를 없애며 이를 생산할 수 있는 관련 시설이나 미사일까지도 폐기해야 한다는 것"이라고 못 박았습니다. 굳이 수치로 환원하면 100%에 가까운 핵 무력 불능화 조치를 비핵화로 받아들이겠다는 얘기입니다.

이 대목에서 핵심은 북한이 하노이 회담에서 회심의 카드로 준비했다는 영변 핵시설의 값어치입니다. 문 전 대통령은 회고록에서 영변 핵시설이 북한 핵 능력에서 차지하는 비중이 적어도 50%는 넘는다고 주장했습니다. 미국은 영변 이외의 비공개 핵시설에 대한 정보가 거의 없는 상태에서 영변 핵

2004년 북한 영변 핵시설을 방문한 미국 핵물리학자 시그프리드 헤커 박사 일행. 그는 자신의 회고록에서 "북한 사람들은 내게 핵시설이 잘 작동하고 있다는 사실을, 그들이 무엇을 달성했는지를 바깥 세상에 보여주려고 열심이었다"고 썼다.

시설의 가치를 북한 주장대로 높게 쳐줄 순 없다는 입장이었죠. 문 전 대통령은 이런 상황을 놓고 김정은이 "미국이 풍계리 핵실험장 폐기 등에 대해 값을 눅게(싸게) 매긴다"며 불만스러워했다고 전합니다. 트럼프 대통령은 회담장에서 영변 이외 농축우라늄 시설 문제를 제기했지만 김 위원장은 그 존재 여부를 확인하지 않은 채 이는 협상 대상이 아니라고 말한 것으로 알려져 있습니다. 미국으로선 북한의 비핵화 진의를 의심할 수밖에 없었던 거죠. 북한의 비핵화 조치에 대한 값어치는 그것과 상응하는 대북 제재 해제와 직결됩니다. 거래가 성

북미 비핵화 협상에서 실패로 귀결된 2019년 2월 하노이 정상회담 당시 김정은 위원장과 트럼프 대통령. 영변 핵시설 폐기의 가치를 둘러싼 양국의 견해 차이가 협상 결렬의 한 요인이었다.

사되려면 양측이 내놓는 물건의 가치가 서로 엇비슷해야 하니까요.

특히 북한이 미국에 해제를 요구한 2016년 이후 대북 제재는 과거와 차원이 다른 고강도 조치임을 기억할 필요가 있습니다. 핵무기 개발 물자를 차단하는 수준의 과거 제재와 달리 2016년 이후에는 광물 수출금지, 농수산물 수출금지, 섬유제품 수출금지, 해외 노동자 파견 금지, 대북투자 금지, 원유 및 정제유 수출량 제한 등 전시 봉쇄에 필적하는 수준의 고강도 제재가 이어졌습니다. 미국은 영변 핵시설 폐기 조치만으로 이를 모두 풀어주는 게 맞느냐는 고민에 빠졌습니다.

악마는 '디테일'에 있다

2018~2019년 북미 비핵화 협상에서 한국은 '선의의 중재자'를 자처했습니다. 이는 김정은이 2018년 신년사에서 남북 관계 개선 의지를 피력한 데 이어 그해 남북 정상회담에서 비핵화를 처음 언급하는 등 북한이 북미 정상회담으로 가는 길목으로 남한을 이용한 영향도 있었습니다. 적대적 쌍방을 잇는 중재자의 가장 중요한 역할은 당연히 양측의 불신을 풀어주는 일입니다. 그런데 문재인 정부는 비핵화 개념, 달리 말하면 비핵화 대상의 '값어치'를 둘러싼 북미의 인식 차이를 해소하는 데 적극적으로 나서지 않았습니다. 문 전 대통령의 회고록에 그 일단이 드러나 있습니다.

"(대북 경제제재 완화의) 큰 방향에 대해서는 우리가 미국을 설득하고 중재했지만 구체적인 상응조치, 즉 어떤 해제를 할 건가 하는 구체적인 로드맵에 대해서는 북미 간에 협상할 문제라고 생각해서 거기까지는 개입하지 않았거든요. 그 정도 했으면 북미 간에 충분히 타결을 볼 거라고 판단했던 건데 그게 아니었어요. 돌이켜보면 우리가 좀 더 개입해서 북한이 하겠다는 비핵화 조치에 대한 상응조치로 어떤 제재 해제가 필요한지 북한의 요구를 듣고 합리적이라고 판단되면 미국에 전달하는 더 적극적인 중재를 했어야 하지 않았나 하는 후회가 있어요."(《변방에서 중심으로》 p.128~129)

비핵화 값어치에 상응하는 제재 해제의 구체적인 내용을 합의하는데 문재인 정부가 더 적극적으로 나서지 않았다는 겁니다. 이는 역으로 미국 입장에서는 제재 해제에 상응하는 비핵화 수준에 대해 북한과 충분히 논의하지 않았다는 얘기가 됩니다. 이런 디테일의 부족은 북한과 미국 모두로부터 신뢰를 잃는 결과로 이어졌습니다. 예컨대 하노이 노딜 직후인 2019년 3월 15일 최선희 북한 외무성 부상은 기자회견에서 "한국은 중재자가 아니라 (협상의) 플레이어"라고 말합니다. 이후 북한은 점차 한국 정부를 대놓고 무시하는 행태를 보였죠. 미국도 마찬가지였습니다. 마이크 폼페이오 미 국무장관 등 트럼프 행정부 참모들은 한국 정부가 북한의 대변인 역할을 하고 있다며 불신합니다. 이는 미국이 하노이 북미 정상회담에서 북한과의 논의 내용을 동맹인 한국과 충분히 공유하지 않은 결과로 이어집니다. 문 전 대통령 회고록에도 이런 정황이 드러나 있습니다.

"지금도 우리는 하노이에서 북한이 제시한 조치는 알지만 상응조치로 무엇을 요구했는지는 정확히 알지 못하니까요."
(《변방에서 중심으로》 p.128)

"하노이 회담 결렬 이유를 정확히 알 수 없는 상황에서 우리가 나서는 데는 한계가 있었습니다. (중략) 하노이 노딜 직후 번개 회담을 제안해 보지 않은 것은 아쉬운 일이에요. 조금 시간이 흐른 후에 만나자는 제안을 여러 번했지만 북한이 호응하지 않았죠. 우리가 상황 파악을 제대로 못해서 실기한 건지도 모르지요."(《변방에서 중심으로》 p.324~325)

루스벨트-스탈린 중재 성공한 처칠

2차 세계대전 기간에 처칠도 미국과 소련 사이에서 중재자 역할을 했습니다. 당시 미국, 소련, 영국 모두 나치 독일에 함께 맞섰지만 상호 간 견해 차이는 극명했죠. 바다를 사이에 두고 유럽 대륙과 분리된 미·영과 달리 소련은 독소전쟁 이후 독일로부터 막대한 피해를 보고 있었기 때문입니다. 특히 1943년 11월 테헤란 회담을 앞두고 미·영과 소련이 가장 극명하게 대립한 건 노르망디 상륙작전의 시기였습니다. 총력전으로 독일 공격을 가까스로 막아내던 소련은 1941년부터 미·영 연합군의 신속한 상륙작전을 요구했지만 처칠과 루스벨트의 생각은 달랐습니다. 상륙함을 충분히 건조하고 병사들의 전투력을 끌어올리려면 시간이 필요했기 때문입니다.

이에 스탈린은 두 자본주의 국가들이 사회주의 소련이 심각한 내상을 입을 때까지 일부러 시간을 끄는 게 아닌가하는 의심을 품게 됩니다. 이에 처칠은 워싱턴과 모스크바를 오가며 '대군주 작전(노르망디 상륙작전)'을 1944년까지 연기해야 하는 군사·기술적 이유를 끈질기게 설득합니다. 처칠은 테헤란

1945년 2월 얄타회담에 모인 처칠과 루스벨트, 스탈린. 처칠은 약 2년에 걸쳐 노르망디 상륙작전 시기를 놓고 스탈린을 설득하는데 많은 공을 들였다.

회담을 앞둔 당시 상황을 이렇게 회고했습니다.

"정치적으로든 군사적으로든 우리와 협력하게 될 소련 대표를 부르기 전에 영미 양국 사이에 확실한 합의에 도달하지 않으면 안 되었다. 루스벨트 대통령 역시 그런 생각에는 호의적이었으나 시기에 대해선 견해가 달랐다. 전쟁에서 영미의 협력 관계를 다소 희생하더라도 소련의 신뢰를 얻고 싶어 하는 경향이 미국 정부 내부에 있었다. 반면 나는 영미 양국이 대군주 작전의 현저한 문제점과 최고 지휘권 문제에 대한 명확하고 통일된 의견을 가진 상태에서 소련과 회담하는 것이 가장 중요하다고 생각했다."(《제2차 세계대전》 p.1076)

처칠은 테헤란 회담에 앞서 루스벨트와 카이로 회담을 벌여 노르망디 상륙작전에 대해 심층적으로 논의합니다. 또 미국과 영국은 3군 참모총장 협의체 등을 구성해 상륙작전에 필요한 장비와 인력, 작전권 등을 구체적으로 협의하죠. 그리고 이를 스탈린과도 충분히 공유해 그의 오해를 풀려고 노력합니다. 이후 테헤란에서 만난 처칠과 루스벨트, 스탈린은 1944년 5월 프랑스 북부 해안에서 상륙작전을 벌인다는 합의에 도달합니다(회담 막판에 루스벨트가 스탈린의 요구를 들어준 모양새였지만, 스탈린의 당초 요구에 비해선 2년가량 늦춘 것이었습니다).

이는 북미 비핵화 협상 당시 한국이 중재자로서 협상 방식이나 내용에 디테일을 발휘할 필요가 있었다는 교훈을 얻을 수 있는 대목입니다. 북미가 생각하는 비핵화 개념이 무엇이고 제재 완화 등 상응 조치의 값어치를 각각 어떻게 평가하는지 등에 대해 구체적인 논의가 필요했다는 거죠. 향후 한국이 비핵화 협상에 나서게 될 때 반드시 짚고 넘어가야 할 사항일 겁니다. 특히 트럼프 2기 행정부가 북한 비핵화 대신 핵군축을 대가로 대북 제재를 풀어줄 수 있다는 관측이 나오는 상황에서 비핵화 개념을 명확히하는 건 더욱 중요할 수 있습니다.

13장

김주애 등장과
북한 세습통치의 미래

    2022년 11월 북한의 화성-17형 대륙간탄도미사일ICBM 시험 발사 현장을 시작으로 여러 공식 석상에서 김정은 국무위원장과 어깨를 나란히 한 딸 김주애의 등장이 주목받고 있습니다. 김주애가 김정은 위원장의 후계자인지 여부를 둘러싸고 학계에서 논란이 벌어진 데 이어 2024년 1월 국가정보원은 "현재로선 주애가 유력한 후계자로 보인다"는 견해를 밝혔습니다. 남성 중심의 북한 사회 특성상 주애를 후계자로 보는건 성급하다고 한 기존 분석을 수정한 겁니다.

    아홉 살(2022년 기준) 아이의 갑작스런 등장이 무슨 의미이기에 학계와 정부가 나서 의미 분석에 여념이 없을까요? 북한의 수령제와 세습통치에 대한 이해가 부족하면 1990년대 중반 김정일이 주석직 승계를 3년간 미룬 것을 '북한 붕괴론'으로 잘못 해석한 것과 같은 오류에 빠질 수 있습니다. 제2차 세계대전 이후 세계적으로 유례가 없는 3대 세습통치의 과거와 현재, 미래를 짚어보려면 1960년대 김일성 집권기로 시계를 돌려봐야 합니다.

세습제 단초 제공한 '갑산파 숙청'

오래전 월남한 북한 출신 인사들의 공통된 증언 중 하나는 1960년대 초반까지는 북한도 그럭저럭 살만했다는 겁니다. 이른바 김일성 유일 지배 체제가 확립되기 전이라 사회적 다양성이 조금이라도 남아 있었고 경제적으로도 어느 정도 여유가 있었다는 얘기죠. 하지만 1967년 갑산파 숙청으로 김일성에 반기를 들 수 있는 세력이 모조리 제거되면서 정치·사회적 다양성은 사라지고 경제는 침체일로를 걷게 됩니다. 갑산파 숙청은 주체사상 태동으로 이어져 세습제로 나아가는 단초가 됩니다.

1960년대 후반 김일성 유일 지배 체제의 다양성 말살은 역사 해석에서도 확인됩니다. 1967년 조선로동당 제15차 전원회의에서 김일성이 조선시대 실학자들에 대한 갑산파의 해석을 강하게 비판한 게 대표적입니다. 당시 갑산파는 조선 실학

2023년 2월 조선인민군 창건 75주년 기념 열병식에서 김정은이 딸 주애가 얼굴을 만져주자 기쁜 표정을 짓고 있다. 주애는 아홉 살이던 2022년부터 주요 국가행사에 참석하고 있다.
(출처: 조선중앙방송)

2023년 11월 항공절을 맞아 김정은 북한 국무위원장이 딸 주애와 공군사령부에서 열린 축하행사에 참석하고 있다. (출처: 노동신문)

자들을 긍정적으로 평가하고 다산 정약용의 《목민심서》를 당 간부들의 필독서로 지정했습니다. 1960년대 후반 정체되기 시작한 북한의 사회, 경제체제를 개선하려는 과정에서 조선 성리학의 폐쇄성을 극복하고자 한 실학자들의 업적에 주목한 겁니다. 이에 대해 김일성은 갑산파가 사회주의 애국주의를 왜곡해 봉건 유교사상을 부활시켰다고 비판했습니다.

그런데 김일성이 갑산파 비판에 나선 진짜 이유는 따로 있었습니다. 갑산파가 실학자들의 업적을 김일성의 혁명전통과 같은 반열에 올려놓았기 때문이죠. 항일 무장투쟁의 빛나는 전통을 김일성만의 것으로 독점하기 위해 연안파 등 기타 사회주의 세력의 흔적을 역사에서 지운 김일성 일파가 조선 실학자들의 업적마저 깎아내린 겁니다. 조선로동당이 줄곧 비판해 온 조선 성리학의 폐단을 개선하고자 한 실학자들의 노력을 '반(反) 혁명'으로 몰아붙일 정도로 유일 지배 체제의 독단성과 폐쇄성은 이미 1960년대부터 극에 달했습니다.

'술탄주의 국가'로서 북한의 특성

1960년대 후반 유일 지배 체제로 변질된 북한은 술탄주의 국가의 속성을 갖게 됩니다. 스페인 출신 정치학자 후안 린츠는 권위주의 정치체제를 통치자의 이데올로기 구속성과 독자적 시민사회 영역의 존재 여부에 따라 '전체주의totalitarianism'와 '술탄주의sultanism'로 구분했습니다. 술탄주의에서는 전체주의와 달리 사회를 지배하는 이데올로기에 정치 지도자가 얽매이지 않으며(집권자의 이데올로기 조작 가능), 그의 강력한 단일적 지배로 인해 최소한의 시민사회 영역조차 존재할 수 없다는 겁니다. 린츠는 술탄주의 국가는 민주주의로 자발적인 체제 전환이 불가능하다고 말합니다. 이런 관점에서 북한은 건국 초 지배 이데올로기였던 마르크스 레닌주의를 유일 지배체제에 맞춰 변형한 '주체사상'을 내놓은 점, 1967년 조선로동당 제15차 전원회의 이후 당 안팎에 독자적인 정치·사회 영역이 말살된 점 등으로 미뤄볼 때 술탄주의 국가에 가깝다고 볼 수 있습니다.

북한 세습통치의 뼈대를 이루는 주체사상은 수령을 당과 국가 위에 군림하는 초월적인 존재로 규정합니다. 학계에선 주체사상을 중국 마오쩌둥주의 혹은 소련 스탈린주의의 '북한식 변형'으로 보는 시각도 있습니다. 김일성이 1956년 8월 종파 투쟁을 벌이며 개인숭배를 강화할 수 있었던 데는 당시 북한 사회의 스탈린주의 추종이 한몫했다는 사실에서도 확인됩니다. 그런데 스탈린 사후에 열린 1956년 소련공산당 제20차 대회에서 스탈린 개인숭배에 대한 비판이 본격화하자 김일성은 정치적 위기를 맞습니다. 북한 노동신문에 연일 스탈린의 동정을 보도하는 등 소련에서 독재의 정당성을 찾아온 김일성 일파로서는 일종의 '통치 모순'에 맞닥뜨린 겁니다. 말끝마다 민족주체를 내세우는 지금과 달리 1950년대 북한은 정치, 경제, 사회, 문화 모든 측면에서 소련에 의존적인 행태를 보였습니다.

결국 김일성은 종파투쟁을 계기로 갑산파를 숙청하며 유일지배 체제로 나아가게 됩니다. 소련의 탈(脫) 스탈린주의로 인해 수령 우위의 당-국가 체제를 유지하는 데 어려움을 겪게 되었기 때문입니다. 다시 말해 해방 직후 김일성 세력은 통치 체제의 정당성을 스탈린주의에서 찾았지만 종파투쟁을 거치며 '변형된 스탈린주의'인 주체사상을 내세워 유일 지배 체제를 구축한 겁니다.

술탄주의 속성인 통치자의 이데올로기 조작은 김정일 대에 두드러지게 나타납니다. 김정일은 김일성과 16년간 북한을 공동 통치하며 주체사상의 설계와 실행을 주도합니다. 그런데 김일성 사후 1990년대 중반 경제난과 자연재해 등이 겹쳐 대규모 아사자가 발생한 '고난의 행군' 과정에서 통치질서가 흔들렸습니다. 이때 김정일은 군대를 앞세운 '선군(先軍) 사상'을 내놓습니다. 이는 주체사상에 대한 보조 통치담론으로, 수령-당-인민대중의 3대축을 기반으로 한 주체사상을 변형한 겁니다.

김정일보다 승계 기간이 훨씬 짧았던 김정은 집권에 이르러서는 김정일이 키운 군부의 권력이 도리어 부담이 됐습니다. 이에 '인민대중 제일주의'를 내걸고 당의 권한과 지도를 강화해 군부를 견제하는 방향으로 선회합니다. 이처럼 북한에서 수령은 주체사상에 대한 독점적 해석권을 가지며 자신이 처한 상황에 맞춰 새로운 통치담론을 내놓습니다. 김정은의 딸 주애가 성인이 돼 후계자로 본격적으로 나선다면 '주애 사상'이 나올 수도 있다는 얘기입니다.

술탄주의의 또 다른 특성인 독자적 시민사회의 부재는 북한에서 해방 직후 사회주의 전환이 동유럽 국가들보다 빠른 속도로 이뤄진 사실에서 확인됩니다. 북한의 경우 폴란드와 같은 무장투쟁 세력이나 조직화된 반공 세력이 존재하지 않았고 한국전쟁 이전에 지주, 종교인, 지식인 등이 대거 월남해 공산화가 큰 저항 없이 순조롭게 추진될 수 있었습니다.

북한 권력 세습기, 엘리트 간 갈등

술탄주의 국가인 북한에서도 권력 갈등이 벌어집니다. 단, 다른 나라처럼 최고 권력에 대한 도전이 아니라 권력 이양기에 엘리트 집단 간 충성 경쟁이 일어납니다. 독재국가에서 권력승계는 기존 통치 연합 내 엘리트들의 권력과 이권이 대규모로 재편되는 과정으로 치열한 경쟁을 수반합니다. 북한의 경우 김정일에서 김정은으로 권력이 세습될 당시 군부에 속

1991년 4월 북한군 훈련을 참관하고 있는 김일성, 김정일 부자. 김일성 생전에 주체사상을 완성한 김정일은 부친 사후 체제위기가 닥치자 주체사상을 변형한 '선군사상'을 내놨다. (출처:노동신문)

한 막대한 이권, 특히 와크(무역특권)를 놓고 장성택 세력과 군부가 정면으로 충돌하는 양상을 보였습니다.

김정일 생전인 2008년으로 시계를 돌려보겠습니다. 그해 8월 김정일은 뇌경색에 빠져 죽음 직전에 이르는 경험을 합니다. 그 후 예전에 군부에서 제기했으나 김정일 본인에 의해 중단된 후계 논의가 재개되고 이듬해 1월 김정은이 후계자로 내정됩니다. 김정일은 자신이 죽고 나서 후계 체제를 안착시킬 측근으로 매제인 장성택을 선택하죠. 선군체제로 '고난의 행군' 시기를 돌파하면서 몸집이 커진 군부를 장성택을 앞세워 견제할 필요가 있다고 판단한 겁니다. 이후 선군시대를 이끈 3인방 조명록 총정치국장, 김일철 인민무력부장, 김영춘 총참모장이 배제되고 대신 리영호 총참모장, 김영철 총정치국장이 전면에 등장합니다. 이어 군부의 대표적인 외화벌이 업체인 승리무역합영회사를 장성택 휘하의 조선로동당 행정부가 접수합니다. 그 외에도 군부의 각종 이권 사업을 장성택이 가져가죠.

군부도 당하고만 있진 않았습니다. 2011년 12월 김정일 사망 이후 수령에 오른 김정은은 크게 확대된 장성택 세력을 의심의 시선으로 바라봅니다. 지배연합 내 엘리트들 사이의 힘의 균형을 끊임없이 유지해야 하는 수령 독재체제의 기본원리가 작동하기 시작한 거죠. 이 흐름을 군부는 놓치지 않습니다. 군부와 당 조직지도부 인사들이 연합한 반反 장성택 세력이 2013년 12월 8일 조선로동당 정치국 확대회의에서 장성택을 '반당 반혁명 종파행위자'로 낙인찍고 닷새 뒤 그를 처형합니다. 장성택 처형 후 행정부는 조직지도부에 흡수되고 군부 무역사업에 대한 제한 조치는 폐기됩니다.

북한 세습통치의 미래는

북한에서 4대 권력승계가 이뤄진다면 장성택 숙청 같은 엘

2013년 12월 처형 직전 국가안전보위부 특별군사재판에 출두한 장성택. 권력과 이권을 둘러싼 군부와의 갈등이 그를 죽음으로 내몰았다.

리트 집단 간 암투가 재현될 가능성이 있습니다. 그렇다면 쳇바퀴 같은 북한의 권력 세습은 언제까지 이어질까요?

앞서 얘기한 대로 민주주의로 체제 전환이 가능하려면 지배 체제를 대체할 수 있는 대안 세력, 즉 독자적인 시민사회 영역이 필수입니다. 문제는 이런 세력이 하루아침에 생기는 게 아니라 공산화 직전의 헝가리나 폴란드, 체코 등에서 볼 수 있듯 일정 정도의 민주주의 경험 내지 자본주의 발전단계를 거쳐야 한다는 겁니다. 그러나 일제 식민지배 체제에서 곧바로 사회주의로 이행한 북한은 이런 단계를 미처 경험해 보지 못했죠. 이처럼 식민지배 체제에서 근대화로 곧장 이행한 술탄주의 국가는 스스로 민주국가로 체제를 전환할 수 있는 가능성이 매우 낮습니다. 일제의 침략으로 무너진 조선왕조처럼 불가항력의 외생 변수가 작용하지 않는 한, 그렇다는 얘기입니다. 특히 다원주의가 확보되지 않는 술탄주의 국가에서는 정책 실패에 적절히 대응하기가 어렵습니다. 술탄(수령)의 무오류성을 근거로 체제가 유지되기 때문이죠. 즉 지도자의 잘못된 정책에 대해 체제 내부에서 건전한 비판을 제기하기가 힘듭니다.

실제로 1960년대 갑산파의 박금철, 이효순 등이 생산은 사회주의로 하되 관리는 자본주의 방식으로 하는 경제 정책(인센티브로 노동자에게 동기 부여)을 제안했지만 숙청됩니다. 이는 1950~1960년대 성장일로를 걷던 북한경제가 점차 쇠퇴하는 계기가 됩니다. 만약 갑산파의 경제개선 조치가 일정 부분 수용됐다면 중공업 우선의 동원형 경제체제(스탈린식 경제체제)가 낳은 다양한 부작용(만성적인 공급 부족 등)은 어느 정도 해소됐을 겁니다.

북한 술탄주의 체제에서 경제 시스템은 시장화와 복고주의(反시장화) 노선의 반복을 겪고 있습니다. 소련 및 동구권에서 보듯 과도한 시장화가 자칫 사회주의 체제 이완을 가져올 수 있기 때문입니다. 실제로 1990년대 중반 '고난의 행군' 당시 생존을 위한 '아래로부터의 시장화'가 진행된 후 북한 당국은 2002년 7.1 경제관리 개선 조치●를 내놨습니다. 하지만 결국 2009년 화폐개혁을 단행하며 과도한 시장화에 제동을 걸었죠. 특히 고난의 행군 당시 노동신문에 차관 등 외부 지원에 의한 경제성장이나 시장 활성화 정책을 '소극주의' '패배주의' '사대주의'로 비판하는 논설이 줄을 이었습니다. 결국 김정일은 자력갱생을 통한 경제위기 극복이라는 복고적인 방식으로 회귀하는 한계를 보입니다.

정리하면 지배집단 안팎의 견제 세력이 말살된 북한에서 자생적인 체제 전환은 쉽지 않아 보입니다. 심각한 체제 위기를 맞아 어느 정도의 변화를 시도하더라도 '국가 안보'보다 '정권 안보'를 우선하는 체제에서는 보수적 조치로 회귀하는 패턴이 반복될 수밖에 없기 때문입니다. 결국 북한의 체제 변화는 외생 변수에 의해 촉발될 가능성이 높다는 점에서 트럼프 2기 행정부 출범 등과 맞물려 한반도와 주변의 정세 변화를 주목해 볼 필요가 있습니다.

● 경제 효율성을 높이기 위해 실시한 국영가격·임금 현실화, 기업 자율경영 확대 등의 조치를 말합니다.

14장

프리고진 반란과
북한의 군부 분리 지배

"조선민주주의인민공화국 임천일 외무성 부상은 이번에 로씨야(러시아의 북한식 표기)에서 발생한 무장반란 사건이 로씨야 인민의 지향과 의지에 맞게 순조롭게 평정될 것이라는 것을 믿어 의심치 않으며 로씨야 지도부가 내리는 임의의 선택과 결정도 강력히 지지할 것이라고 언급하였다." (2023년 6월 25일 북한 조선중앙통신)

2023년 6월 24일 오전 6시 59분, 예브게니 프리고진이 이끄는 러시아 용병기업 바그너그룹의 로스토프나노두 군사령부 점령 발표로 러시아 연방에 대한 첫 쿠데타 시도가 세상에 알려졌습니다. 이로부터 3시간 후인 오전 10시 "반역자를 처벌하겠다"는 블라디미르 푸틴 러시아 대통령의 대국민 담화가 발표된 바로 다음 날 북한은 신속히 푸틴 지지를 선언합니다. 세계 자유진영이 푸틴의 우크라이나 침공을 규탄하는 가운데 북한은 친러 국가 중 처음으로 이 같은 성명을 냈습니다. 이를 두고 바그너그룹을 푸틴의 친위 세력으로 보고 무기를 지원한 북한이 쿠데타로 난처한 상황에 처하자 푸틴 지지를 재빨리 선언한 게 아니냐는 해석이 나왔습니다. 일각에서는 독재 체제인 북한과 러시아를 비교하면서 북한의 무장반란 가능성을 거론하기도 했죠.

북한은 건국 초기 소련의 사회주의 체제를 이식하면서 군 지휘 체계도 소련 방식을 들여왔습니다. 프리고진의 반란 과정을 자세히 살펴보면 군 운용방식이나 용인술에서 푸틴과 북한 수령의 공통점이 발견됩니다.

프리고진 반란 이면엔 '분할통치'와 '충성경쟁'

영국의 〈파이낸셜타임스〉는 2023년 6월 24일자 '푸틴의 요리사가 반역을 서빙했다'라는 제목의 기사에서 "푸틴이 정규군 대신 사병 조직을 만드는 바람에 위기를 자초했다"는 러시아군 관계자의 발언을 실었습니다. 푸틴이 총리 재직 시절 즐겨 찾던 요리점 주인 출신으로 올리가르히(자본주의 이행 과정에서 거액을 모은 신흥 재벌집단)가 된 프리고진은 2014년 바그너그룹을 세웠습니다. 러시아는 그해 우크라이나 동부 돈바스 지역에 러시아가 군사적으로 개입하는 과정에서 국제 여론을 의식해 정규군 대신 사병 집단인 바그너그룹을 앞세웁니다. 이후 바그너그룹은 시리아와 모잠비크에서도 군사 활동을 벌이죠.

바그너그룹은 푸틴의 전폭적인 지원 아래 막대한 국방 예산을 지원 받으면서 점차 러시아 군부와 경쟁을 벌입니다. 수익성 높은 군수 계약을 놓고도 양측이 신경전을 벌였다는 것이 서방 정보기관의 전언입니다. 사병 조직임에도 전차부터 헬기까지 강력한 무력을 확보한 바그너그룹은 우크라이나 전쟁에서 기대 이상의 성과를 거둡니다. 이로 인해 전공(戰功)을 두고 러시아 군부와 갈등을 빚었죠. 우크라이나의 강력한 반격에 맞서 하나로 똘똘 뭉쳐도 모자랄 판에 내부 분열에 빠진 겁니다. 우크라이나 전쟁에서 러시아가 고전한 원인을 정규군-용병 부대의 이원적 전투 체제에서 찾는 시각도 있습니다.

그렇다면 이런 비효율에도 불구하고 푸틴이 바그너그룹에 힘을 실어준 이유는 무엇일까요? 이는 아이러니하게도(결과적으로 강력해진 바그너그룹의 반란에 직면했다는 점에서) 자신의 절대 권력을 유지하기 위한 포석이었습니다. 서방 분석가들에 따르면 푸틴은 바그너그룹을 통해 막강한 러시아 군부의 권력을 견제하고자 했습니다. 국방 예산의 상당 부분을 바그너그룹에 몰아줘 군부와 경쟁시키고 자신은 일종의 중재자 역할을 하면서 권력의 누수를 막으려고 한 겁니다. 군부에 대해 일종의 '분할

예브게니 프리고진(왼쪽)이 2011년 러시아 모스크바의 자신의 식당에서 블라디미르 푸틴(가운데) 당시 러시아 총리에게 음식을 서빙하고 있다. (출처:AP)

통치divide and rule' 전략을 구사한 거죠.

푸틴은 자신에 대한 충성심은 높지만 독자적으로 권력을 추구할 능력은 없다고 본 프리고진을 바그너그룹 수장에 앉힙니다. 9년간 옥살이를 한 전과자 출신의 요식업자가 감히 권력을 추구할 수는 없을 거라고 본 거죠. 하지만 이것은 푸틴의 오판이었습니다. 푸틴은 프리고진에 대해 두 가지의 결정적 오판을 저질렀습니다.

첫 번째는 프리고진은 푸틴의 꽁무니만 쫓는 인물이 아니었습니다. 그는 우크라이나 전쟁 기간 세르게이 쇼이구 국방장관, 발레리 게라시모프 총참모장(한국의 합참의장)을 대놓고 비난하며 자기 권력을 추구하는 행태를 보입니다. 두 번째는 텔

예브게니 프리고진이 6월 24일 러시아 로스토프나도누 군사령부 점령 직후 연설하는 장면.

2023년 6월 러시아 로스토프나도누 도심을 지나는 바그너그룹의 탱크 앞에서 시민들이 기념사진을 찍고 있다. 프리고진은 SNS를 적극 활용해 러시아인들 사이에서 큰 인기를 얻었다.

레그램 등 SNS를 적극 활용하며 여론을 주도한 프리고진의 정치력입니다. 우크라이나 격전지를 촬영한 동영상에 자신의 메시지를 담은 그의 SNS 홍보는 큰 위력을 발휘해 러시아인들 사이에서 팬덤을 형성하기에 이릅니다. 이는 프리고진이 모스크바로 진군하면서 세를 키우면 자신에게 승산이 있다고 판단한 배경이 됐죠.

푸틴 방식 닮은 북한군 지휘 체계

북한은 김일성 집권 이래 군령기관(작전권을 관할)인 총참모부(남한의 합참에 해당)와 군정기관(인사, 군수 등 조직권을 행사)인 총정치국(조선로동당의 지도를 군에 관철하는 기관)으로 구성된 이원적 군 지휘 체계를 확립했습니다. 국방부가 군령 및 군정권을 일괄적으로 갖고 이를 합참 등에 위임하는 남한과 다른 시스템이죠. 이는 조선로동당을 중심으로 수령 독재를 실시하는 북한의 통치구조와 연관이 깊습니다. 얼핏 보면 군령, 군정권이 나뉜 것이 큰 문제가 될까 싶지만 실상은 다릅니다. 군정 기능을 담당한 총정치국이 당의 입장을 내세워 군령권에도 깊숙이 개입하기 때문입니다. 이로 인해 북한 군부에서 군사 간부와 정치 간부 사이의 갈등은 고질병이 된 지 오래죠.

북한군 지휘 체계의 역사적 연원을 자세히 들여다보려면 시계를 1960년대로 돌려야 합니다. 앞서 말했듯 1956년 8월 종파사건을 통해 1차적으로 연안파(해방 이전 중국에서 활동한 공산주의자)와 소련파를 제거한 김일성은 1967년 일인 독재체제의 정점을 찍기 위해 유일하게 남은 갑산파 숙청에 나섰습니다. 이듬해인 1968년에는 민족보위상, 총참모장 등 군 수뇌부도 대거 숙청합니다. 그러곤 1969년 각급 부대의 작전 명령서에 군 지휘관과 함께 정치위원의 서명을 받도록 제도를 바꿉니다. 일선 지휘관의 판단만으로 군대를 움직이지 못하게 함으로서 수령을 정점으로 한 조선로동당의 군부 통제를 강화한 겁니다. 김일성은 "중대장이 맏형이라면 정치 지도원은 맏누이와 같다"고 말했죠.

이에 따라 북한군은 김정일 시절에는 무력부(남한의 국방부에 해당)와 총정치국, 총참모부가 김정일과 국방위원회에 각자 보고하는 '3중 통제체제'를 갖게 되었습니다. 여기에 보위사령부(남한의 방첩사령부)와 국가안전보위부(남한의 국가정보원), 인민보안성(남한의 경찰)에 의한 군부통제도 이뤄졌죠. 마치 푸틴이 바그너그룹으로 군부를 견제한 것처럼 북한도 수령의 권력을 강화하고 반란을 막기 위해 인민군을 분할 통치한 겁니다. 선군 정치 등을 통해 거대한 병영국가가 돼 버린 북한에서 정권 안보의 위협이 될 수 있는 군부를 틀어쥐려는 의도입니다. 푸틴이 요식업자 프리고진을 군부 견제세력으로 활용한 것처럼 김정일도 군내 서열을 무시하고 충성도에 따라 측근들에게 힘을 실어주는 용인술을 구사했습니다.

북한에서 반란 일어날 가능성은

앞에서 살펴본 대로 북한 군부를 둘러싼 3중, 6중의 내·외부 감시체제는 전투의 효율성을 떨어뜨릴 수 있지만 쿠데타를 막는 데는 효율적인 구조라고 볼 수 있습니다. 북한 수령 독재에서는 정권 안보가 국가 안보에 우선한다는 말이 나오는 이유입니다.

지배연합에서 이권과 권력을 조정해 경쟁을 유발하는 북한의 통치구조상 군부 외 다른 엘리트들의 반발도 어려워 보입니다. 김정일에서 김정은으로 권력이 세습되던 시기에 군부와 장성택 세력 간의 갈등이 대표적인 사례입니다. 주체사상에 세뇌된 북한 인민들이 조직적인 저항에 나서는 것도 가능성이 떨어집니다. 외부에 대해 극도로 폐쇄적인 북한 여건상 외부 세력이 침투하기도 어렵습니다. 결국 군 지휘 체계에서 러시아와 북한 사이에 유사점은 많지만 구성원을 틀어쥐어 권력을 장악하는 측면에선 북한이 한 수 위라고 봐야 할 것 같습니다.

3부
냉정과 열정 사이, 애증의 한미 관계

15장

일제강점기
이승만의 대미 외교전

대한민국 초대 대통령 이승만에 대한 평가는 여전히 뜨거운 감자입니다. 2023년 8월 경북 칠곡군 다부동전적기념관에서 열린 이승만 동상 제막식에서도 그랬습니다. 당시 민족문제연구소 등 일부 단체들은 "4.19 혁명으로 쫓겨난 독재자를 기리는 건 역사 부정"이라고 반발했습니다. 이승만의 공과에 대한 논란과는 별개로 한미 관계사를 조명하려면 일제강점기까지 거슬러 올라가는 그의 대미 외교전을 들여다 볼 필요가 있습니다. 일제강점기 독립운동과 이후 한국전쟁기까지 그의 행적을 집중적으로 살펴보겠습니다.

유라시아 공산화와 이승만 반공주의

"비록 공산주의자들이 앞으로 3년 동안 인민군의 확장을 중지하고 그동안 남쪽에서 모든 노력을 기울이더라도 공산군의 현재 수준에 대응할 만한 병력을 (남한이) 건설하기란 불가능합니다. 소련인들은 비난을 받지 않고 아주 손쉽게 그 병력을 남한으로 투입시키고 한순간에 여기에서 정부가 수립되고 인민공화국이 선포될 것입니다."(백범-류위완 대화록)

1948년 7월 11일 백범 김구 선생이 자택을 찾아온 류위완 유엔한국위원회 중국 대표공사에게 전한 말입니다. 제2차 세계대전 종전 직후 유라시아 대륙에서 급속히 진행된 공산화의 파고가 한반도에도 들이닥칠 가능성이 클 것으로 본 백범의 시각을 엿볼 수 있습니다. 그해 백범이 단독정부 수립을 반대하며 김일성을 만나러 38선을 넘은 것도 이런 정세 판단에 기반을 둔 거라는 해석이 있습니다. 백범의 판단은 과장이 아니었습니다.

1945년 2차 세계대전 종전을 앞두고 영미 연합국과 미묘한 균열을 일으키기 시작한 소련은 동유럽 적화(赤化)를 목표로 헝가리, 불가리아, 폴란드 등에서 '인민전선 전술'을 동시 다발로 구사합니다. 소련은 인민들의 지지를 얻기 위해 민족주의자 등 좌우를 망라한 연립정권을 세운 뒤 테러 등을 통해 반공 세력을 제거 혹은 흡수하는 과정을 거쳤죠. 공산당 특유

이승만과 김구가 1946년 미군정 자문을 위한 회의를 마치고 악수하고 있다. (출처:대한민국역사박물관)

의 기만전술로 이른바 '사이비 연립 단계'를 거쳐 공산주의 독재정권을 잇달아 수립한 겁니다. 소련의 이 같은 적화 방식은 북한에도 적용됩니다. 소련 군정이 초창기 조만식 선생 등 민족주의 세력을 끌어들이려고 한 시도, 다시 말해 건국준비위원회 대신 임시정치위원회를 세우고 위원장에 조만식을 추대한 것이 대표적입니다.

해방 전부터 확고한 반공 노선을 견지한 이승만은 김일성과의 타협을 거부하고 남한 단독정부 수립으로 나아갑니다. 미국 하와이에서 독립운동을 벌일 당시인 1923년 그는 〈태평양잡지〉에 기고한 '공산당의 당부당(當不當)'이라는 글에서 "공산당이 폭력적인 방법으로 실현하고자 하는 사유재산 부정, 자본가 부정, 지식계급 부정, 종교 부정, 국가 부정은 부당한 것"이라고 썼습니다. 해방 직후 소련군이 미군보다 먼저 한반도에 진주한 가운데 다수의 독립운동가들이 사회주의를 옹호하는 상황에서도 이승만은 반공을 고수합니다. 그의 확고한 반공 원칙은 어디에서 비롯된 걸까요?

미국식 기독교 교육 받으며 반공주의자로

이승만의 인생을 관통하는 키워드를 꼽는다면 아마도 '미국'과 '기독교'가 아닐까 싶습니다. 양녕대군 16대손으로 유학을 신봉하는 양반가 자제였던 그가 기독교로 개종하고 미국으로 이주하면서 인생의 향로가 바뀌었기 때문이죠. 사실 그의 반공주의 원칙은 이 두 요소에서 비롯됐다고 봐도 무방할 겁니다.

'미국', '기독교'와의 첫 조우는 1895년 그가 스무 살에 입학한 배재학당에서 이루어졌습니다. 연이은 과거 낙방으로 잠시 방향을 잃은 그에게 1894년 청일전쟁은 큰 충격을 줍니다. 갑오경장으로 과거제가 폐지된 데다 일본이 대국 청나라를 꺾는 모습을 보고 이승만은 유학 공부를 중단한 뒤 서양 학문 배우기에 나섭니다. 미국 감리교 선교사 헨리 아펜젤러가 1885년 한양에 설립한 배재학당은 각국 외교관, 무역회사 자제들이 공부하는 일종의 미국식 국제학교였습니다. 이곳에서 이승만은 영어 학습에 천재적인 능력을 발휘해 입학 6개월 만에 영어반 보조교사로 발탁됩니다. 특히 당시 한국인 최초로 미국에서 의사 면허증을 따고 배재학당에서 특강을 맡았던 서재필과 운명적 만남을 갖죠. 이승만은 배재학당의 개신교 선교사들, 서재필 등과 교유하면서 미국식 민주주의에 눈 뜨게 됩니다. 평생에 걸친 미국과의 인연이 이곳에서 시작된 겁니다.

배재학당 졸업 후 1899~1904년까지 5년 7개월 동안 대한제국 한성감옥에 수감된 경험도 그의 인생에 큰 전환점이 됩니다. 당시 중추원 의관이던 그는 고종을 퇴위시키고 이강을 새로운 군주로 옹립하려는 급진 개화파 박영효의 정치 개혁에 가담했다가 종신형을 선고 받습니다. 목에 10kg에 달하는 무거운 칼을 쓰고 사형될 위기에 처한 극한의 상황에서 이승만은 기독교 신앙을 받아들입니다. 그는 동료 죄수들과 성경 공부를 하면서 40여 명을 기독교로 개종시킨 데 이어 옥중학교를 세우고 죄수와 간수들을 대상으로 한글, 한문, 영어, 수학, 국사, 지리 등을 가르치죠. 젊은 시절 기독교 교육가로 활동한

미국인 선교사 아펜젤러가 1885년 설립한 서울 중구 배재학당. 이승만은 이곳에서 '미국', '기독교'와 처음 조우한다. (출처: 대한민국역사박물관)

1903년 대한제국 한성감옥에 수감된 죄수복 차림의 이승만(가장 왼쪽에 서있는 사람)과 이상재(앞줄 오른쪽에서 두 번째). 당시 이승만은 28세였다. 반란 혐의로 사형을 언도받은 그는 이곳에서 기독교 신앙에 귀의한다. (출처: 이승만건국대통령기념사업회)

그의 이력이 사실상 이곳에서 시작된 겁니다. 미국 선교사들의 도움으로 옥중 도서실을 만들어 영어, 한문으로 쓰인 책들을 탐독하고 400쪽에 이르는《독립정신》을 저술하기도 합니다. 그는 훗날 영문 자서전에 "나는 감옥살이에서 얻은 축복에 대해 영원히 감사한다"고 썼습니다.

당시 극동지역으로 팽창하던 러시아에 대한 지정학적 위기감도 그를 반공주의자로 만든 요인 중 하나입니다. 그는《독립정신》에서 "1859년 러시아-터키 전쟁에 서양 열강들이 간섭해 서쪽으로 길목이 막히자 러시아가 동쪽으로 눈을 돌려 우리의 위급함이 조석에 달렸다. 속히 러시아의 무도함을 꺾어 동양으로 뻗어 나오는 세력을 막아야 동양 각국도 안전함을 얻을 것"이라고 썼습니다. 당시 러시아의 팽창주의에 대한 위기감은 조선뿐 아니라 청과 일본 지식인들도 공유하고 있었습니다. 러시아 제국을 잇는 소련 공산당의 팽창주의도 이승만의 시각에선 '제국주의 침탈'로 해석됐고, 이는 2차 세계대전 이후 동유럽 각국의 역사로 증명됐습니다.

일제강점기 이승만 '독립 외교'

이승만은 무장항쟁보다 외교전이 독립 쟁취를 위해 더 중요하다고 봤습니다. 태평양전쟁 직전까지 세계 3위의 해군력

1921년 워싱턴회의 당시 독립 외교를 이끈 이승만(왼쪽)과 서재필.
(출처:이승만건국대통령기념사업회)

을 보유한 강대국 일본에 소규모 무장항쟁으로 맞서는 건 한계가 있다고 보고 한국 독립의 필요성을 각국에 설득하기로 한 거죠. 이는 일찍이 1920년대부터 일본이 반드시 미국과 전쟁을 벌일 거라고 내다본 그의 전망에 기반한 것이었습니다. 미국 프린스턴대에서 박사학위를 취득하며 쌓은 국제정치에 대한 이승만의 식견은 남달랐고, 그의 예견대로 미국과 일본은 이로부터 약 20년 뒤 전쟁을 벌입니다.

그는 대미 외교전에 총력을 기울입니다. 미국이 여론에 큰 영향을 받는 민주주의 국가라는 점에서 언론, 시민사회를 통해 한국 독립의 필요성을 꾸준히 설득하면 미국 정부의 정책도 바뀔 수 있다고 본 거죠. 이 과정에서 배재학당 때부터 구축한 기독교 네트워크는 그의 민간, 공공외교에서 큰 자산이 됩니다. 청교도 정신으로 건국된 기독교 국가답게 미국 정치권은 지금도 그렇지만 당시에도 기독교계와 깊은 관계를 맺고 있었기 때문이죠. (트럼프 2기 행정부에서도 2025년 9월 암살당한 찰리 커크 등 마가(MAGA·트럼프 극렬 지지층) 진영 주요 인사들이 복음주의 기독교인들로 알려져 있습니다.)

한국 독립을 국제적으로 처음 보장한 1943년 카이로 선언(미국, 영국, 중화민국 정상이 모여 2차 세계대전 전후 처리 등을 합의한 선언)이 나오기까지 일제강점기 이승만의 독립 외교는 1921~1922년 워싱턴 회의와 1933년 만주사변에 대한 국제연맹 특별회의라는 두 축을 중심으로 전개됩니다. 당시로 시계를 돌려보겠습니다.

워싱턴 회의는 1차 세계대전 종전 이후 아시아 태평양 지역의 국제질서를 규정하는 중요한 국제회의였습니다. 일본의 막강한 해군력을 억제하고 동아시아에서 힘의 균형을 추구하고자 한 미국의 의도가 반영된 회의였던 만큼 이승만을 비롯한 대한민국임시정부(이하 '임정'으로 표기)는 이를 독립 외교의 기회로 활용하고자 했습니다. 이에 따라 이승만은 우선 1921

년 3월부터 1922년 1월까지 약 1년간 267개 미국 신문에 게재된 1,009개의 한국 관련 기사들을 수집합니다. 미국 정부의 외교 방침을 명확히 이해하고 현지 언론을 외교전에 활용하기 위한 목적이었죠. 또 미국 의회에서 한국 독립 문제를 다룬 바 있는 토마스 찰스 전 상원의원 같은 정계 인사를 특별고문으로 영입합니다.

그러나 여러 노력에도 불구하고 당시에는 목표했던 성과를 거두지 못합니다. 미 행정부가 1차 세계대전 승전국이던 일본을 의식해 이승만을 비롯한 한국 대표단의 회의 참석을 불허했고 한국 문제를 공식의제로 다루지도 않았습니다. 하지만 성과가 아주 없지는 않았습니다. 한일병합이 한국의 자발적 의지에 따라 이루어졌고 일본의 식민지배는 한국에 혜택을 주었다는 일본 주장에 맞서 "한일병합은 강제로 이뤄졌고 한국인들은 일본의 압제에 시달리고 있다"는 임정의 입장이 미국 언론에 보도되기 시작했습니다. TV가 없던 시절 신문의 영향력은 컸기에 독립 외교에서 의미 있는 첫발을 내디딘 것으로 평가됩니다.

1931년 일본의 만주 침략을 계기로 열린 1933년 국제연맹 특별회의에서 이승만의 외교전은 워싱턴회의 때보다 성공적이었습니다. 이때는 일본의 아시아 침략이 본격화되면서 미국과의 대립 구도가 확연해졌기 때문입니다. 미국과 일본의 갈등이 심화되면서 일본 대륙 침략의 교두보인 한반도의 전략적 가치가 재평가될 수 있었죠. 이승만은 미일 간 균열을 독립 외교에 활용하려고 노력했습니다. 그의 이런 의도는 국제연맹 회의가 열린 제네바로 출국하기 직전 언론 인터뷰에서 잘 드러납니다.

"극동문제는 한국인의 권리와 요구를 다루지 않고는 결정적인 해답을 찾을 수 없다. 한국은 일본이 대륙으로 가는 교두보stepping stone이므로 일본은 극동에서의 전략적 거점을 차지한 것이다. 한국 문제는 현재 극동이 당면한 문제에 대한 평화적 해결을 결정할 때 반드시 고려되어야 한다. 현재 한국은 일본의 완전한 통치 하에 있으며 만주 문제의 현안 범위에 속해 있지는 않다. 그러나 일본의 아시아 대륙 침략 문제는 열강들의 보장 하에 완충국 한국이 정상적인 위치로 회귀하지 않는 한 결코 해결되지 못할 것이다." (1933년 2월 〈The Korean Student Bulletin(한국학생회보)〉 기사)

당시 이승만에 대한 임정의 태도가 바뀐 것도 주목할 만합니다. 앞서 임정은 워싱턴회의에서 이승만이 성과를 거두지 못하자 그에 대한 불신임안을 가결한 뒤 1925년 3월 11일 그를 대통령직에서 탄핵합니다. 그런데 국제연맹 특별회의 직전엔 이승만을 특명 전권 수석대표로 임명하고 지원합니다. 미일 갈등 구도 등 당시의 급변하는 국제정세를 감안해 그를 재신임한 겁니다. 만주사변 이듬해인 1932년 4월 윤봉길의 상하이 의거를 계기로 한국 문제가 장개석의 국민당 정부와 국제

1933년 5월 2일 스위스 제네바의 국제연맹 본부 앞에 선 이승만. 당시 그는 일본의 만주 침략에 따른 한인들의 피해를 각국에 알리는 데 힘썼다. (출처 이승만건국대통령기념사업회)

사회의 주목을 받게 된 것도 영향을 미쳤습니다. 이승만은 중국 국민당 정부와 접촉해 한국 독립에 대한 협조를 약속 받습니다. 국제연맹 특별회의 당사국으로 참여한 중국을 통해 한국의 독립 의지를 각국에 알리겠다는 의도였죠.

10여 년 전 워싱턴회의 때만 해도 이승만을 푸대접한 미국 정부의 태도가 1933년 국제연맹 특별회의를 앞두고는 180도 바뀝니다. 미국 체류 당시 무국적 신분이던 그에게 외교여권을 발급해준 데 이어 제네바 주재 미국 영사(길버트 프렌티스)가 각국 대표들을 소개해주고 국제연맹 사무국의 정보도 알려줍니다. 이뿐 아니라 이승만이 만든 외교 문건을 검토해주고 그의 편지를 미 국무장관 및 소련 대표단에 전달해주기도 하죠. 미국의 이런 태도 변화는 미일 대립 구도가 본격화된 데 따른 전략적 판단의 결과라고 볼 수 있습니다. 결국 이승만과 임정은 만주 거주 한인들의 피해를 호소하고 일본의 침략을 규탄하는 성명서를 1933년 2월 22일 국제연맹 특별회의에서 공식적으로 회람시키는데 성공합니다. 1931년 만주사변이 국제사회에서 한국 독립 문제를 이슈화할 수 있는 기회를 제공한 셈입니다.

지금까지 알아본 일제강점기 이승만의 외교 행보는 대한민국 초대 대통령과 미국 정부의 관계 설정이란 측면에서 초기 한미관계에 지대한 영향을 미쳤다고 볼 수 있습니다. 가쓰라 태프트 밀약(1905년 7월 29일 가쓰라 다로 일본 총리와 윌리엄 하워드 태프트 미국 전쟁부 장관이 각각 대한제국과 필리핀에 대한 지배권을 서로 인정하기로 한 비밀 각서)부터 태평양전쟁에 이르기까지 동아시아에서 미국 외교의 민낯을 목격한 이승만은 미국을 어떻게 다뤄야 하는지를 알고 있던 정치 지도자였습니다. 이는 한국전쟁을 계기로 그가 한미 상호방위조약 체결을 미국으로부터 집요하게 관철해 낼 수 있었던 중요한 배경이 됐습니다.

16장

벼랑 끝 전술로 쟁취한 한미상호방위조약

"철통같은 한미동맹과 미일동맹으로 이어진 우리 각각의 양자관계는 지금 그 어느 때보다 강력하며 우리의 3자 관계도 그 어느 때보다 강력하다."

"우리는 한미동맹과 미일동맹 간 전략적 공조를 강화하고 3국 안보 협력을 새로운 수준으로 끌어올릴 것이다."

2023년 8월 18일 미국 캠프 데이비드에서 한·미·일 3국 정상이 발표한 '공동성명The Spirit of Camp David: Joint Statement'의 일부입니다. 한·미·일의 첫 정상회의로 동아시아 국제질서의 새로운 장을 열었다고 평가받는 이 회의에서 3국 협력의 핵심 기반은 한미·미일동맹임을 알 수 있는 대목입니다.

제2차 세계대전 종전 이후 80년 동안 아시아의 국제질서는

1953년 8월 8일 경무대에서 열린 한미상호방위조약 가조인식. 변영태 외무 장관과 존 포스터 덜레스 미 국무장관(앞에 앉은 이들)이 서명하는 모습을 이승만 대통령(가운데)이 지켜보고 있다. (출처:이승만대통령기념사업회)

역외 패권국인 미국이 한국, 일본, 필리핀, 호주 등 지역 국가들과 개별적으로 맺은 양자 조약을 중심으로 구축됐습니다. 그중에서도 한미동맹은 1953년 한국전쟁 휴전 이후 70년 넘게 한반도에 장기 평화를 가져온 역사적 산물이라는 평가를 받습니다. 또 미국의 안보 보장을 바탕으로 국방비에 투입되어야 할 자원을 경제개발로 돌려 1970년대 고도성장을 달성할 수 있는 토대가 됐죠. 실제로 영국 국제전략문제연구소IISS에 따르면 1970년 기준 국내총생산GDP 대비 국방비 비중은 남한(3.7%)이 북한(11%)의 약 3분의 1에 불과했습니다. 북한의 대규모 군비 지출은 1990년대 중반 '고난의 행군' 당시 수십만 명의 아사자가 발생한 원인 중 하나로 꼽힙니다.

트럼프 2기 행정부 출범과 더불어 한미관계를 우려하는 목소리가 높아지고 있습니다. 동맹을 경시하고 해외 군사개입을 꺼리는 미국 우선주의 외교가 북핵과 맞물려 안보 위기를 초래할 수 있다는 겁니다. 향후 한국과 미국의 관계를 예상하려면 한미동맹의 실체인 상호방위조약의 역사를 먼저 들여다봐야 합니다.

한국 경시, 일본 중시한 美 동아시아 전략관

한국 입장에서 한미 상호방위조약은 '쟁취했다'는 표현이 진실에 가깝습니다. 고종의 대한제국부터 한국전쟁 직전 대한민국 정부에 이르기까지 미국과의 동맹은 우리의 일방적 구애에 가까웠습니다. 미국 정부는 고종과 이승만의 동맹 요청을 한사코 뿌리쳤습니다. 왜 그랬을까요? 이는 미국이 19세기 개항 이후 동아시아에서 일본을 중시한 반면 한반도의 전략적 가치는 낮게 평가했기 때문입니다. 역사적 사례를 들어보겠습니다.

고종은 러시아와 일본의 팽창주의에 맞서기 위해 1882년 미국과 조미수호통상조약(朝美修好通商條約)을 맺습니다. 고종은 이 조약의 제1조 거중조정(居中調停, Good offices) 조항('만일

각국이 일방 정부에 대해 부당하게 또는 억압적으로 행동할 때는 타방 정부는 그 사건의 통지를 받는 대로 원만한 타결을 가져오도록 주선함으로서 우의를 표해야 한다.')을 조선이 외세의 침략을 받을 경우 미국이 군사·외교적으로 도와준다는 뜻으로 확대 해석합니다.

이에 따라 고종은 1885년 영국 해군의 거문도 점령과 1894년 청일전쟁, 1904년 러일전쟁 당시 미국 정부에 거중조정을 거듭 요청했지만 아무런 지원을 받지 못합니다. 오히려 존 셔먼 미 국무장관은 1897년 11월 19일 조선 주재 미국공사 앨런에게 "우리 정부는 한국의 국가 운명에 관계되는 문제에 대한 상담역이 될 수 없다. 또 한국과 어떠한 종류의 '보호 동맹'도 맺지 않을 것"이라고 통보합니다. 고종이 미국을 동맹으로 여기지 않도록 철저히 중립적인 자세를 취하라고 지시한 거죠.

이 과정에서 이승만은 미국의 '배신'을 경험합니다. 러일전쟁 이듬해인 1905년 8월 4일 이승만은 고종의 특사로 미국에 파견돼 시어도어 루스벨트 대통령을 만납니다. 조미수호통상조약의 거중조정 조항에 입각해 일본의 조선 침략을 막아달라고 요청하기 위해서였죠. 이에 루스벨트는 "정식 외교 경로로 문서를 제출하면 러일 강화회의 때 이를 내놓겠다"며 우호적으로 답하지만 그건 한낱 외교적 수사에 불과했습니다. 이승만이 루스벨트와 만나기 5일 전 미국은 이미 일본과 '가쓰라-태프트' 밀약(15장 참고)을 맺고 조선이 일본의 보호국임을 인정한 상황이었기 때문입니다. 이런 경험으로 인해 이후 이승만은 독립운동을 벌이면서 미국 정부의 조미수호통상조약 불이행을 틈날 때마다 언급해 도덕 외교에 호소하는 전략을 취합니다(트럼프 2기 행정부의 막무가내식 고관세 부과에 대해 한국 정부가 한미 FTA 준수의 당위성을 지속적으로 강조해야 하는 것도 비슷한 맥락입니다).

한반도의 전략적 가치를 낮게 본 미국의 태도는 해방 이후에도 유지됩니다. 한국전쟁 발발 1년 전인 1949년 6월 미군의 남한 철수가 대표적입니다. 이미 1947년 후반부터 미 군부는 한국의 전략적 가치를 낮게 평가하면서 군대 주둔 비용을 들어 조기 철군을 주장했습니다. 당시 이승만은 북한의 남침 위협을 거론하며 미군 철수를 강하게 반대했지만 소용없었습니다. 이에 그는 대안으로 상호방위협정 체결을 요구하지만 이마저도 받아들여지지 않았죠. 한국전쟁 발발의 도화선이 된 1950년 1월의 '애치슨 라인'(1장 참조) 발표도 같은 맥락입니다. 당시 미국은 태평양 방위구역선에 일본과 필리핀은 포함하고 한국과 대만은 제외합니다. 이는 김일성과 스탈린이 전쟁을 계획하면서 미국의 무력 개입이 이뤄지지 않을 거라고 오판한 근거가 됩니다. 애치슨 라인은 흘러간 과거의 얘기가 아닙니다. 트럼프 2기 행정부에서도 미국의 군사 방위선을 재설정하면서 한반도를 제외할 수 있다는 이른바 '신(新)애치슨' 라인이 거론되고 있죠.

美 상호방위조약 체결 꺼린 이유

미국이 한미 상호방위조약 체결에 부정적이었던 것은 강대국-약소국 간 동맹조약의 속성에서 비롯된 영향이 컸습니다. 즉 미국은 남한의 전쟁에 연루돼 국력을 소진하는 비용이 한반도의 지정학적 가치보다 크다고 본 겁니다. 대외관계에서 개입과 고립을 오간 미국의 외교 전통도 한몫했습니다. 1823년 먼로 독트린으로 유럽에 대해 고립주의 외교를 천명한 미국은 제1차 세계대전 참전을 계기로 대외 개입으로 급선회합니다. 하지만 실리를 중시하는 미국답게 과도한 개입을 통한 군비 확장 등의 비용은 경계하죠. 1945년 제2차 세계대전 종전 직전 처칠의 반대에도 불구하고 독일, 체코 등 중부 유럽을 점령한 미군을 철수시킨 것도 바로 이런 이유에서입니다. 당시 윈스턴 처칠 영국 총리는 얄타 회담 이후 노골화된 스탈린의 팽창주의에 맞서려면 미군의 유럽 철수를 최대한 늦춰야 한다고 주장했지만 루스벨트 대통령은 소련과의 갈등을 피하고 국민들의 철군 여론을 충족시키기 위해 철수를 단행합니다.

양자동맹의 근간인 현실주의 외교에 대한 미국의 혐오도 영향을 미쳤습니다. 당사국 누구도 예상치 못한(그리고 누구도 원치 않은) 1차 세계대전에 참전해 많은 인명 피해를 입은 미국은 세력균형 balance of power 으로 대표되는 유럽의 현실주의 외교를 극도로 혐오하게 됩니다. 대신 국제법과 국제기구를 통한 평화를 추구하면서 집단안보를 통해 공동의 적에 대응하는 외교 방식을 선호하게 되죠. 1949년 5월 초대 주한 미국대사 존 무초는 "내가 아는 한 미국은 토머스 제퍼슨 대통령 시대 이래 어느 국가와도 상호방위조약을 체결한 일이 없다"고 말하기도 했죠.

이승만의 '벼랑 끝 전술'

이처럼 대한제국 시절부터 한국전쟁 발발 직전까지 미국에 줄기차게 거부당한 동맹조약이 조미수호통상조약 체결 71년 만에 전격적으로 체결될 수 있었던 건 미소 냉전이 열전으로 처음 발화한 한국전쟁 발발이 결정적이었습니다. 시계를 전쟁 직전으로 돌려보겠습니다.

이승만은 1948년 정부 수립 직후부터 북진통일을 강하게 주장합니다. 당시 북한과 상대가 되지 않은 남한의 군사력에 비춰보면 허황된 발상이라는 반발을 사기도 했습니다. 하지만 그의 북진통일론을 국내 정치적 목적과 대미 외교용으로 해석하는 시각도 있습니다. 국내 정치 측면에서는 당시 한독당 등이 주장한 남북협상론에 대응해 국민들을 동원하기 위한 수단이었다는 겁니다. 동시에 미국에 대해서는 미군 철수를 늦추고 철수에 따른 안전보장을 받기 위해 의도적으로 긴장을 높였다는 거죠.

무엇보다 한국전쟁 이후 이승만의 '벼랑 끝 전술brinkmanship'이 미국을 움직이는 데 적지 않은 영향을 미칩니다. 그의 승부사 기질은 북중 연합군과 유엔군 사이에 휴전회담이 교착 상태에 빠진 1952년 3월 발휘됐습니다. 당시 그는 해리 트루먼 미국 대통령에게 보낸 편지에서 한미 상호방위조약 체결만이 한국인들에게 휴전을 납득시킬 수 있는 유일한 길이며 만약 미국이 이를 수용하지 않으면 한국군은 단독으로라도 북진 통일에 나서겠다고 위협합니다. 중공군 참전에 따른 전사자 급증으로 반전 여론이 강해진 미국은 휴전 등 출구전략을 모색 중이었기에 이승만의 북진 발언에 적지 않은 압박을 느낄 수밖에 없었습니다.

아이젠하워 집권 직후인 이듬해 5월 브리그스 주한 미국대사가 상호방위조약 대신 한국군 증강을 대안으로 제시하지만 이승만은 꿈쩍도 하지 않습니다. 그는 "모든 유엔군을 철수시켜도 좋다. 우리가 우리의 운명을 결정할 것"이라며 재차 미국을 압박합니다. 이에 아이젠하워 대통령은 그해 6월 6일 휴전의 불가피성을 강조하면서 필리핀과 맺은 조약에 준하는 방위조약 체결 협상 개시를 통보합니다. 하지만 아이젠하워의 양보에도 이승만은 더 강하게 밀어붙이죠. '미군 주둔'을 규정한 미일 안보조약 수준의 강력한 방위조약이 필요하다는 주장이었습니다. 이어 아이젠하워의 서한을 받고 열흘 뒤인 1953년 6월 16일 미국과 아무런 상의도 없이 반공 포로 2만 7,000여 명을 일방적으로 석방하는 초강수를 둡니다. 한국이 원하는 수준의 안보보장 없이는 휴전을 받아들이지 않겠다는 강한 의지를 보여준 겁니다.

당시 치열한 이데올로기 선전의 각축장이었던 반공 포로 이슈에서 이승만의 독단적인 결정에 아이젠하워는 격노합니다. 쿠데타를 통해 이승만을 제거하는 작전계획 Plan Ever-ready 실행까지 검토할 정도였죠. 하지만 결국 미국은 다시 한 번 물러섭니다. 월터 로버트슨 국무부 차관보를 서울에 급파해 상호방위조약 체결 협상을 본격적으로 시작한 겁니다. 로버트슨은 존 포스터 덜레스 미 국무장관에게 보낸 전문에서 "이승만은 상황 판단이 빠르고 shrewd 지략이 뛰어난 resourceful 인물이다. 그는 한국을 국가적 자살행위 national suicide로 몰고 갈 수 있는 광적인 fanatic 인물이지만 회유와 압력을 통해 협력을 얻어내는 게 가능하다"고 보고했습니다.

하지만 이승만은 호락호락한 인물이 아니었습니다. 그는 로버트슨이 제시한 조약 초안에 한국이 무력 공격을 당할 경우 미국의 즉각적이고 자동적인 지원을 약속하는 조항이 빠진 사실을 지적하면서 다시 한 번 미군 주둔을 허용한 미일 안보조약 수준의 안보 공약이 필요하다고 강조합니다.

결국 미국은 이승만의 요구를 수용합니다. 로버트슨은 본

1951년 6.25 전쟁 중 동부전선을 시찰한 이승만이 지프차에서 즉흥 연설을 하고 있다.
(출처: 이승만대통령기념사업회)

1953년 6월 이승만이 단행한 2만 5,000명의 반공포로 석방. 이 일로 미국은 이승만 제거 작전까지 검토한다.

국 훈령을 받아 한국 내 미군 주둔 조건을 수용하고 대신 한국군의 단독 행동 포기와 휴전 협조를 이승만에게 요구합니다. 이와 함께 전후 복구를 위한 경제원조와 한국군 전력 증강 등을 약속하죠. 대한제국 시절부터 숙원이자 이승만이 갈망한 미국과의 동맹조약이 체결된 순간입니다.

이승만이 줄기차게 강조한 미국의 자동개입은 한미 상호방위조약에 구체적으로 명시되지는 않았지만 제4조 미군 주둔 조항('상호적 합의에 의하여 미합중국의 육군, 해군과 공군을 대한민국의 영토 내와 그 부근에 배치하는 권리를 대한민국은 이를 허여하고 미합중국은 이를 수락한다.')을 통해 비슷한 효과를 거둘 수 있게 됩니다. 미군이 한국 영토에 주둔함으로서 북한이 남침할 경우 미국이 자동으로 개입할 수 있는 길을 열어놓았기 때문이죠. 미군 주둔이 독립국의 주체성과 자존심에 상처를 줬다는 진보 진영의 비판도 있지만 사회주의 양대 강국이던 소련, 중국을 등에 업은 북한의 침략에 맞서 자유 민주주의를 지키기 위한 불가피한 선택이었음을 간과할 수 없을 겁니다. 북러 밀착과 미중 갈등이 맞물려 한반도 안보 불확실성이 커진 요즘, 한미 상호방위조약의 역사적 의미는 각별할 수밖에 없습니다.

17장

'서울의 봄' 미국은 왜 전두환을 용인했나

    2023년 11월 개봉한 영화 〈서울의 봄〉 흥행을 계기로 전두환을 주축으로 한 신군부 세력이 정권을 탈취한 12.12 군사쿠데타를 왜 막지 못했는지 의문을 가진 이들이 많습니다. 당시 한국군의 작전통제권을 쥐고 있던 미국이 과연 쿠데타를 막으려 했는지, 그렇지 않았다면 왜 그랬는지에 대한 의문도 포함돼 있죠. 이는 이듬해 5.18 광주 민주화운동과도 연결되는 민감한 사안입니다. 한미관계의 변곡점이 된 1979년 12월 12일 당시로 시계를 돌려보겠습니다.

美, 반란군 무력 대응에 부정적

12.12 당시 미국이 쿠데타를 사전에 인지했지만 전두환 신군부를 도와줬다는 주장과, 미국은 쿠데타를 예상하지 못했고 한국의 민주화를 위해 신군부를 견제하려고 했다는 상반된 주장이 있습니다. 전자는 주로 일부 국내 학자들이 주장했고 후자는 미국 정부의 공식 입장이죠. 각자 자신의 시각과 관점에서 현상을 바라보니 차이가 생길 수밖에 없습니다. 지난 40여 년 동안 공개된 자료들이 가리키는 그날의 진실은 무엇일까요?

한국에서 미국 정부를 대표하는 주한 미국대사와 주한미군사령관의 증언부터 살펴봐야겠습니다. 우선 사전 인지 여부에 대해선 존 위컴 주한미군사령관이 1999년 펴낸 자신의 회고록《Korea on the Brink: From the 12/12 Incident to the Kwangju Uprising, 1979-1980》에 비교적 자세한 기록을 남겼습니다. 이에 따르면 위컴은 1979년 11월 말~12월 초 이형근 당시 합참의장으로부터 "육사 11기와 12기가 주축이 된 소장파 장성들이 현재의 상황과 정치인들에 대해 극도의 불만을 갖고 소요 unrest와 반란을 조장하고 있다. 대통령 선거 전에 권력 쟁취에 나설 가능성이 있다"는 얘기를 들었습니다. 위컴은 이 정보를 12월 4일 노재현 국방장관과 이후 유병현 한미연합사 부사령관에게 전달했지만 한국 정부는 별다른 조치를

1985년 4월 미국을 방문한 전두환 대통령이 로널드 레이건 대통령과 정상회담을 마친 뒤 포옹하고 있다. 전두환 정권은 미국의 지지를 얻기 위해 박정희 정부 때 추진한 핵무기 개발 계획 등을 포기했다.

취하지 않았다고 합니다. 아마도 위컴은 정보를 취득한 11월 말과 이를 노 장관에게 전달한 12월 4일 사이에 본국에도 이를 보고했을 겁니다(노 장관에게 정보를 전달한 것도 본국 지시에 따른 것이었을 가능성이 높습니다).

그렇다면 쿠데타 발생 가능성을 인지한 미국은 12월 12일 당일 어떻게 대응했을까요? 이날 밤 노재현 국방장관은 미 8군 벙커로 피신해 위컴과 함께 있었습니다. 한국군 최고 지휘부와 작전통제권을 쥔 주한미군 지휘부가 한 자리에 있었던 거죠. 두 사람이 그 시각 신군부에 어떻게 대응하느냐에 따라 쿠데타의 향방이 바뀔 수도 있었던 중요한 순간이었습니다. 그런데 이들은 무력 대응에 일체 나서지 않았습니다.

특히 반란군 진압에 나선 장태완 수도방위사령관이 이건영 3군 사령관에게 동원을 요청한 수도기계화사단과 26보병 사단은 한미연합사령관의 작전통제권 아래 있는 부대들이었습니다. 그런데 당시 위컴은 "아직 어둡기 때문에 진압군과 반란군 간 오인 충돌이 불가피하다"며 노 장관에게 부대 이동을 허가하면 안 된다고 말했습니다. 노태우가 전방의 9사단을 무리하게 서울로 진입시킨 상황에서 이런 결정을 내린 건 미국이 애초부터 신군부를 진압할 의사가 없었음을 보여준다는 지적이 나오는 이유죠.

그렇다면 미국은 결정적인 순간에 왜 반란군 진압을 만류했을까요? 이에 대해 윌리엄 글라이스틴 당시 주한 미국대사는 자신의 회고록에서 남한의 혼란을 틈탄 북한군의 남침 가능성과 5.16 군사 쿠데타•의 기억을 이유로 들고 있습니다. 그는 "12일 밤과 13일 새벽 북한을 자극할 한국군 간의 충돌과 민간 정부가 전복돼 한국의 정치적 자유가 무산되는 것 두 가

• 1961년 5월 16일 박정희 육군 소장 등 군 지휘관과 장교들이 일으킨 군사정변. 당시 미국은 장면 총리 수반의 제2공화국을 지지했지만, 장면 정권은 결국 무너졌습니다.

지를 방지하는 데 우선순위를 뒀다. 그러나 둘 중에서도 전자를 특별히 경계했다"고 썼습니다. 다시 말해 남한 군부의 내전을 틈탄 북한군 남침과 쿠데타에 따른 민주정 붕괴를 막는 게 미국의 목표였지만 무엇보다 안보 위협을 제거하는 게 최우선이었다는 얘기입니다. 그런데 민주정을 지키려면 반란군을 무력으로 진압할 수밖에 없기에 이 두 가지 목표는 서로 상충될 수밖에 없었죠. 결국 당시 미국은 도덕외교 원칙에서 늘 강조하는 '민주 가치'를 포기하고 '안보 이익'을 택한 겁니다.

사실 12.12 쿠데타 이전부터 미국의 안보 우려는 팽배한 상태였습니다. 1970년대 미중 데탕트로 양국은 한반도 현상유지에 합의했지만 북한은 이런 구도를 깨기 위해 1976년 판문점 도끼 만행사건 등을 일으켰죠. 이런 가운데 10.26 사태가 터지자 미국은 이틀 뒤 '날아다니는 전투지휘 사령부'로 불리는 AWACS(공중조기경보통제기) 2대와 키티호크 항공모함 등을 한반도로 급파하는 등 대북 경계에 적극 나섭니다.

글라이스틴 대사가 북한군 남침 우려와 더불어 5.16 쿠데타의 기억을 꺼내든 건 당시 미국의 공개 반대가 박정희 정권 내내 한미관계가 불편했던 요인이었음을 언급한 겁니다. 5.16 쿠데타 발생 직후 매그루더 미 8군 사령관과 그린 주한미국 대리대사는 "유엔군사령관의 권한 아래 있는 모든 군인이 장면 총리가 이끄는 한국 정부를 지지할 것을 요청한다"는 성명을 발표했었죠.

美 도덕주의에서 현실주의 외교로 급선회

12.12 쿠데타 발생 당시 미국의 카터 행정부는 역대 어느 대통령보다 도덕주의 외교 원칙을 내세우고 있었습니다. 그런데 이런 카터 행정부가 한반도에서 안보 이익을 최우선으로 전두환 신군부를 사실상 용인한 건 선뜻 이해하기가 어렵습니다. 왜 이런 상황이 벌어진 걸까요? 먼저 1979년 10.26 사태● 전 한미관계를 살펴보죠.

"우리는 민주적 방법이 가장 효과적이라는 것을 믿고 부도덕한 방법을 동원하지 않을 것이다. 더 이상 공산주의에 대한 터무니없는 공포 때문에 우리 편에 서기만 하면 어떤 독재자도 받아들이던 관행에서 벗어날 것이다." (1977년 지미 카터 미 대통령 취임 연설)

카터 대통령은 반공을 표방한 동맹국이라도 인권을 탄압하는 권위주의 정부를 옹호할 수 없다는 입장을 분명히 밝혔습니다. 민주와 인권을 강조하는 그의 도덕외교 원칙은 독실한 기독교인으로서 그의 철학에서 비롯된 측면도 있지만 미국 외교 전통의 영향이 컸습니다. 워터게이트 사건(닉슨 행정부의 불법도청 및 은폐 스캔들로 1974년 리처드 닉슨 대통령 사임으로 이어졌

●
1979년 10월 26일 서울 궁정동 중앙정보부 안전가옥에서 김재규 중앙정보부장이 박정희 대통령을 살해한 사건을 말합니다.

습니다)과 베트남전 패전을 계기로 미국이 도덕주의로 돌아가야한다는 여론이 조성된 것도 영향을 미쳤습니다.

카터의 도덕주의 외교 방침은 수사에 그친 게 아니라 실제 정책으로 구현됐습니다. 미국은 1979년 카터 방한을 앞두고 구체적인 인권 향상 조치를 박정희 정부에 요구합니다. 이에 따라 주한미군 철수를 지렛대로 한국 정부로부터 6개월간 180명의 양심수를 석방하겠다는 약속을 받아내죠. 또 한국의 인권 상황이 개선되기 전까지 국제금융기구의 차관 제공을 중단하겠다고 압박합니다. 급기야 그해 10월 5일에는 글라이스틴 대사를 본국에 소환하는 전례 없는 결정을 내리기에 이릅니다. 이 같은 미국의 전방위 압박은 군사독재를 반대한 국내 재야 세력의 호응으로 이어집니다.

그런데 워싱턴의 도덕 외교는 10.26 직후 발생한 1979년 11월 '이란 인질 사태'로 뒤집힙니다. 그해 이란에서 이슬람혁명을 일으켜 집권한 호메이니가 반미주의를 앞세워 미국 외교관들을 억류한 사건입니다. 중동에서 극렬 반미주의 정권의 등장에 즉각적 대응을 촉구하는 현실주의 외교론이 미국 내에서 득세하기 시작합니다. 특히 중동에서 주요 동맹을 잃은 상황에서, 동아시아에서 공산 진영에 맞서는 한미동맹마저 위태롭게 할 수 없다는 의견이 힘을 얻게 됩니다. 1979년 12월 24

1979년 6월 방한한 지미 카터 미국 대통령과 박정희 대통령이 악수하고 있다. 카터 행정부는 인권 향상을 요구하며 박정희 정부를 강하게 압박했다.

일 소련의 아프가니스탄 침공●은 한반도를 안정적으로 관리해야 한다는 현실주의자들의 목소리가 커지는 또 다른 원인이 되죠. 이것이 1979년 12월 4일 리처드 홀브룩 국무부 동아시아·태평양 담당 차관보가 글라이스틴에게 "한국이 제2의 이란이 되지 않도록 필요한 조치를 강구하라"며 한국 정부의 안정을 강조한 배경입니다.

● 아프가니스탄 내 이슬람 반군(무자헤딘)으로부터 친소 공산정권을 보호하기 위해 소련이 침략한 전쟁을 말합니다.

1979년 이란 인질 사태 당시 수도 테헤란의 미국 대사관에 난입하고 있는 과격파 학생 시위대. 이 사태는 한국에 대한 미국 카터 행정부의 인권 공세가 누그러진 계기가 됐다.

미국은 12.12 쿠데타 이후 과거 남미 국가들처럼 '역 쿠데타'가 발생해 남한의 정치 불안이 가중될 가능성도 우려했습니다. 실제로 위컴은 1980년 1월 말 '역(逆) 쿠데타'를 모의하던 한국군 장성의 지원 요청을 받았지만 이를 거절했다고 증언했습니다. 남한 군부의 내전을 막으려면 기왕에 성립된 전두환 체제를 인정할 수밖에 없다는 게 미국의 판단이었습니다. 미국의 이런 입장은 12.12 쿠데타에 이어 이듬해인 1980년 5월 18일 발생한 광주 민주화운동에서도 유지되면서 한국에서 반미주의가 폭발하는 계기가 됩니다. 1980년 5월 27일 신군부의 계엄군 투입을 닷새 앞둔 22일 백악관 회의에서 에드먼드 머스키 국무장관과 해럴드 브라운 국방장관, 즈비그뉴 브레진스키 백악관 국가안보담당 보좌관은 한국 내 질서 회복이 시급하다는 결론을 내립니다. 한국에서 민주주의 회복을 위한 외교적 압력은 정치질서가 회복된 이후에나 진행하자는 거였죠.

체제 안정을 최우선으로 한 미국의 대한(對韓) 정책이 바뀐 건 1987년 민주화가 본격화된 직후였습니다. 당시 야권의 직선제 개헌이 전 국민적 호응을 얻자 릴리 주한 미국대사가 김영삼 당시 신민당 고문을 공개적으로 만나는 등 야당에 힘을 실어줬습니다. 무엇보다 전두환 정권의 계엄군 투입 움직임을 사전에 포착한 미국 정부가 이를 철회시키기 위해 전방위 압력을 가합니다. 안팎의 거센 반발에 부닥친 전두환은 결국 계엄령 선포를 포기하고 직선제 개헌을 수용하기에 이릅니다.

지금까지 12.12 군사쿠데타 전후 미국의 대(對) 한국 정책이 이란 혁명과 소련의 아프간 침공 사태 등을 계기로 도덕주의에서 현실주의로 바뀌는 과정을 살펴봤습니다. 이런 변화는 미국이 쿠데타 대응 과정에서 민주주의 가치보다 안보 이익을 추구해 신군부의 집권을 사실상 용인하는 결과를 낳았습니다. 이는 광주민주화운동과 맞물려 한국에서 반미주의를 폭발시키는 계기가 되었습니다. 대신 미국은 전두환 정부로 하여금 이전 박정희 정부가 비밀리에 추진한 핵무기 및 장거리 미사일 개발을 포기하도록 하는 성과를 거둡니다.

18장

주일미군 강화가 한반도 안보에 미치는 영향

2024년 3월 미국과 일본이 중국의 안보 위협에 맞서 주일미군 사령부를 강화하는 계획을 발표했습니다. 주일미군 사령관을 4성 장군으로 격상하고 주일미군의 작전지휘 기능을 강화해 일본 자위대와의 일체화를 추진하겠다는 겁니다. 얼핏 보면 한미 연합사령부를 지휘하면서 전시 작전통제권을 쥔 주한미군사령관을 연상시키는 내용입니다.

주한·주일미군이 동아시아에 주둔한 미국 군사력의 양대 축임을 감안할 때 주일미군 지휘 체계의 변동은 주한미군에도 직접적인 영향을 미칠 수밖에 없습니다. 더구나 중국의 대만 침공 가능성과 맞물려 주한·주일미군의 변화는 한반도 안보에 적지 않은 영향을 줄 수 있습니다. 한국전쟁 이후 약 70년에 걸친 주한·주일미군의 역사를 통해 미일 안보조약 업그레이드의 파장을 짚어보겠습니다.

주한미군 철수 둘러싼 한미갈등의 역사

한국전쟁을 계기로 체결된 한미 상호방위조약은 제4조('상호적 합의에 의하여 미합중국의 육군, 해군과 공군을 대한민국의 영토 내와 그 부근에 배치하는 권리를 대한민국은 이를 허여하고 미합중국은 이를 수락한다.')에서 주한미군 주둔을 규정하고 있습니다. 앞서 살펴봤듯 한반도에서 원치 않는 전쟁에 연루되는 걸 우려한 미국은 당초 동맹조약 체결에 극히 부정적이었지만 한국전쟁이 이런 분위기를 뒤집었죠. 이승만 대통령이 집요하게 요구한 북한 남침 시 미국의 자동 개입이 조약에 명시되진 않았지만 한반도에 배치된 주한미군의 존재 자체가 인계철선(引繫鐵線)● 기능을 했습니다.

주한미군은 1950년대 32만 5,000명에 달했지만 미중 데탕트와 탈냉전 등을 거치면서 지속적으로 규모가 줄었습니다(2020년 기준 약 2만 8,500명). 중국과의 데탕트로 한반도에서

● 수류탄을 폭발시키는 철선에 비유해 북한 남침 시 미국의 개입을 보장하는 장치를 뜻합니다.

현상 유지가 가능해졌다는 판단과 더불어, 미국의 막대한 재정적자 부담을 줄이기 위한 조치였죠. 문제는 1960~1970년대 북한의 안보 위협을 둘러싼 한미 간 인식 차이가 드러나면서 주한미군 감축을 놓고 양국이 적지 않은 갈등을 벌였다는 겁니다. 예컨대 1960년대 초 린든 존슨 행정부는 주한미군을 9,000명가량 감축하겠다는 계획을 세우고 한국 정부와 협의에 들어갔습니다. 안보 불안에 휩싸인 박정희 정부는 이를 저지하기 위해 외교적 노력을 기울였는데, 1965년 예기치 않은 베트남전쟁 확전이 숨통을 틔워줍니다. 존슨 행정부가 지상군 증원을 위해 한국군 파병을 요청하면서 주한미군 철수를 막을 수 있는 지렛대가 한국에 생긴 거죠. 이에 박정희 대통령은 1965년 5월 열흘간 미국을 방문해 베트남 파병을 조건으로 주한미군 병력 유지와 1억 5,000만 달러의 차관을 얻어냅니다. 소위 '한강의 기적'을 이룬 경제적 토대가 마련된 겁니다.

미국의 주한미군 감축은 이후에도 계속 이어집니다. 특히 중국과 데탕트를 추진한 닉슨 행정부는 한국의 강한 반발에도 1970년 5월 "주한미군 일부 철수 계획을 수립하기 시작했다. 철수는 점진적으로 추진될 것이고 1개 사단 이하 병력부터 철수할 것"이라고 공식 발표했습니다. 결국 이듬해 6월 말까지 주한미군 1만 8,000명이 감축되자 박정희 대통령은 절치부심 끝에 핵무기 개발을 포함한 자주국방 노선을 추구하게 됩니다. 소련 붕괴에 따른 탈냉전도 주한미군 감축의 요인이 됩니다. 1990년 4월 미 국방부는 10년에 걸쳐 아시아 태평양 지역에서 미군을 점진적으로 감축하는 내용의 '동아시아 전략구상(EASI)'을 의회에 제출합니다. 13만 5,000명의 아시아 주둔 미군 중 1단계로 3년간 최대 1만 5,000명을 줄이는 내용이 골자였죠. 이에 따라 1992년까지 주한미군 6,987명, 주일미군 4,773명이 각각 본토로 철수했습니다.

'주일미군-자위대 일체화' 추구한 일본

노무현 정부가 한미관계에서 자주성을 강조하고 미국이 아시아 군사전략을 개편하면서 한반도 방위에 주력하던 주한미군의 성격이 바뀝니다. 노무현 정부는 주한미군의 전시 작전통제권 전환을 추진하는 동시에 의정부, 동두천 등에 있던 전방 미군부대를 평택, 대구 등의 후방으로 이전했습니다. 이에 미군의 인계철선 기능이 약화됐다는 평가가 나왔죠. 이는 주한미군을 한반도 붙박이에서 벗어나게 해 동아시아 전역의 '작전 기동군'으로 활용하고자 한 미국의 국방전략과 부합했습니다. 미국의 가려운 등을 한국이 알아서 긁어준 셈입니다. 이 과정에서 2002년 '미선이 효순이 사건'(미군 훈련 과정에서 여중생 2명이 장갑차에 치여 사망한 사건)을 계기로 팽배해진 반미 감정이 전작권 전환 논의에 영향을 줍니다. 미국은

2022년 일본 가고시마현 자위대 주둔지에서 실시된 '오리엔트 쉴드' 미일 합동 군사훈련에서 주일미군과 일본 자위대 장성이 우의를 다지고 있다.

2004년 주한미군 전력의 3분의 1과 주독미군 2개 사단을 철수한 결정에 한국과 독일 내 반미 정서도 원인이었음을 인정한 바 있습니다.

주한미군의 성격이 동아시아 역내에서 작전 기동군으로 바뀌면서 2011년부터 해외 연합훈련에 참가하기 시작했습니다. 그해 3월엔 동일본 대지진 지원을 위해 U2 정찰기를 일본에 파견했습니다. 이어 2015년부터는 다연장로켓MLRS 대대와 미 2사단 여단전투단, AH-64 공격헬기 대대 등 주한미군 주요 전력이 순환배치 형태로 한반도와 미국 본토를 드나들기 시작합니다.

반면 일본은 한국과는 반대 방향으로 움직입니다. 부상하는 중국을 견제하기 위해 미일동맹을 강화하고 자위대와 주일미군의 일체성(통합성)을 심화시키는 방향으로 나아간 겁니다. 한국과 달리 자주보다 안보를 더 우선하는 전략을 택한 거죠. 이는 '글로벌 전략 기동군'으로서 주일미군의 역할을 확대하려는 미국의 군사전략과 맞물리게 됩니다. 전후 평화헌법에 따라 오로지 방어에만 치중하도록 규정한 자위대의 전수방위 원칙이 오랫동안 주일미군과의 일체화에 걸림돌이 됐습니다. 실제로 1978년 제정된 '미일 방위협력 지침'에서 양국은 소련의 군사 위협에 맞서 자위대와 주일미군 간 역할 분담에 중점을 뒀죠. 그러다 소련이 무너지고 1993년 북한이 핵확산금지 조약을 탈퇴하면서 하나의 전환점이 마련됩니다. 1997년 미국과 일본이 '신(新) 미일 방위협력지침'을 발표하고 양국의 작전 영역을 한반도와 대만 등 주변 지역으로 확대한 겁니다.

2000년대 들어 중국의 부상이 본격화되자 미국과 일본은 2006년 '주일미군 재편을 위한 로드맵'에 합의합니다. 이에 따라 미 워싱턴주에 있던 육군 1군단사령부를 일본 자마기지로 옮겨 유사시 아시아·태평양 지역에서 미일 육군의 공동 작전 사령부로 임무를 수행하도록 합니다. 이어 미일 공군의 통합 작전 능력을 높이기 위해 일본 항공자위대를 주일미군 5공군사령부가 있는 요코다 기지로 이동시키죠. 중국과 북한의 미사일 위협에 대응해 미일 통합 미사일방어사령부 격인 '공동통합운용조정소'도 새로 만듭니다. 이는 주일미군을 중앙아시아부터 동해까지 광범위한 지역을 관할하는 광역사령부로 격상하려는 미국 국방전략의 일환이었습니다.

미국과의 안보 동맹에서 자율성을 추구하며 전시작전권 반환을 추구한 한국과, 주일미군과의 일체화를 추진한 일본의 이런 상반된 움직임은 어디에서 비롯된 걸까요? 노무현 정부에서 대미 자주외교를 강조하는 등 민족주의 정서가 강했던 것도 한 원인으로 작용했을 겁니다. 이와 함께 한국전쟁 발발로 미군 주둔이 이뤄진 한국과, 태평양전쟁에서 패배해 전수방위에 국한된 일본의 서로 다른 역사적 배경도 요인으로 지목됩니다. 김정 북한대학원대 교수는 "한일은 역사적으로 국방정책의 논리적 근거가 서로 달랐다"며 "애초부터 한미연합사 체계를 갖춘 한국은 자주파가 등장해 주한미군과의 분리를 고민한 반면, 일본은 보수파가 집권할 때 주일미군과의 통합을 고민했다"고 분석했습니다.

미일 안보조약 업그레이드 향후 파장

주일미군사령부 강화 방침은 주한·주일미군의 '상호 보완성' 측면에서 바라볼 필요가 있습니다. 육군 병력 위주로 구성된 주한미군(2만 8,500명)과 해·공군 위주의 주일미군(5만 5,600명)을 결합하면 육해공군과 해병대를 모두 갖춘 '완전체'가 되

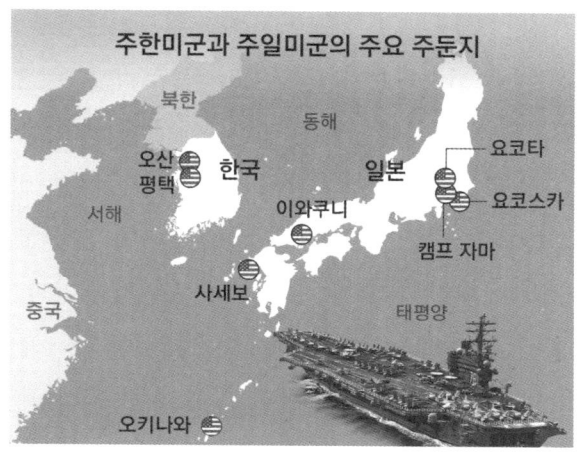

주한미군 및 주일미군의 주요 기지들. 효율성을 높이기 위해 두 군대를 합치면 육해공, 해병대의 완전체가 되도록 구성됐다.

지난해 강원 양양군 해상침투전술훈련장에서 육군 특수전사령부와 주한미군 특수작전사령부 장병들이 공동훈련을 마친 뒤 기념촬영을 하고 있다. (출처: 육군 특수전사령부)

18장. 주일미군 강화가 한반도 안보에 미치는 영향 *215*

기 때문입니다. 이는 미국의 동아시아 군사전략에서 중복에 따른 비효율을 최소화하기 위해 의도적으로 고안된 편제라고 봐야 합니다. 다시 말해 동아시아 역내에서 군사 위협이 발생할 때 주한·주일미군이 함께 운용될 수밖에 없다는 얘기입니다. 실제로 미국은 탈냉전 이후 주한·주일미군의 전략적 유연성을 확대하기 위해 작전지역을 확장하며 연합 훈련의 강도를 높여왔습니다. 육해공 합동훈련부터 인도주의 지원, 재난재해 및 테러 대응, 국제평화유지 활동에 이르기까지 다양한 종류의 훈련이 포함됐죠. 미국의 오랜 우방인 호주, 캐나다까지 끌어들여 중국을 포위하는 형국입니다.

미국의 관점에서 주일미군의 역할이나 전략적 위상이 주한미군보다 상위인 점도 주목됩니다. 해외 미군기지는 '전력 투사력' 기준으로 대규모 전력을 원거리로 보낼 수 있는 1급 전력투사 근거지PPH, Power Projection Hub, 장기 주둔 사령부가 있는 2급 주작전기지MOB, Main Operating Base, 소규모 부대나 순환부대를 위한 시설이 있는 3급 전진 작전기지FOS, Forward Operating Sites, 상주시설은 없고 유사시 병력 배치의 법적 근거만 있는 4급 협력적 안보지역CSL, Cooperative Security Locations으로 나뉘는데 주일미군은 1급 PPH로, 주한미군은 2급 MOB로 각각 분류돼 있습니다.

이에 따라 중국의 대만 침공 같은 역내 안보 위기가 발생하면 주일미군이 전투부대로 주한미군은 병참기지로 각각 활용될 거라는 분석이 나옵니다. 이런 관점에서 주일미군 사령부 강화는 한반도나 대만에서 전쟁이 벌어질 경우 미군과 자위대의 일체성을 강화해 신속히 전력을 이동 배치하는 등 대응력을 높이려는 포석으로 보입니다. 일각에선 트럼프 2기 행정부가 한국의 방위비 분담금 증액 등을 추진하면서 주일미군 강화와 맞물려 주한미군 감축 카드를 검토하고 있다는 분석을 내놓고 있습니다. 주한미군 일부 병력을 신속기동군으로 분류해 주일미군에 이동 배치하는 방안이 거론되고 있기 때문입니다. 북핵 위기, 양안 전쟁 가능성과 맞물려 미국의 주일·주한미군 재편 움직임을 주시해야 하는 이유입니다.

4부
정보는 국력, 주요국 정보 실패의 역사

19장

세계 최강 이스라엘 정보기관은 왜 무너졌나

2023년 10월 이스라엘과 팔레스타인 무장세력 하마스가 벌인 전쟁의 초기 국면은 '정보 실패intelligence failure'의 극명한 사례로 꼽힙니다. 우방국에서도 거침없이 적국 요인을 암살하는 등 과감성과 실행력, 주도면밀함에서 세계 최강으로 꼽히는 모사드(해외 정보), 신베트(국내 정보) 등 이스라엘 정보기관들이 하마스의 기습에 전혀 대비하지 못했기 때문입니다. 정보 실패란 정보 수집부터 분석, 배포, 정책 결정에 이르는 일련의 과정에서 적시에 정확한 정보를 제공하지 못하는 걸 말합니다. 정책 결정권자의 정보 무시 혹은 왜곡에 의한 '정책 실패policy failure'도 크게 봐선 정보 실패로 볼 수 있습니다.

그렇다면 군사, 정보, 재정 모두에서 하마스보다 압도적으로 우세한 이스라엘이 이처럼 속수무책으로 당한 이유는 무엇일까요? 한 국가의 운명을 좌우한 정보 실패의 역사를 들여다보면 그 해답이 보입니다. 16세기 대영제국 초기부터 제2차 세계대전, 한국전쟁, 9.11 테러, 중동전쟁까지 정보 실패의 역사를 자세히 살펴보겠습니다.

'거울 이미지'에 따른 오판

주요 정보 실패 사례들을 보면 기습의 단서를 어느 정도 사전에 인지했다는 공통점이 있습니다. 구체적으로 언제, 어느 장소로, 어떻게 침입해 들어올지를 몰랐을 뿐 공격이 곧 시작될 거라는 신호는 어느 정도 감지했다는 얘기입니다. 예컨대 2023년 하마스 기습 직전 이집트 정보기관이 이스라엘 정부에 경고를 보냈지만 이스라엘이 요르단강 서안지구만 주시하고 가자지구 위협은 무시한 걸로 알려졌습니다. 역사상 다른 정보 실패 사례도 마찬가지입니다.

한국전쟁 1년여 전인 1949년 2월 28일 미국 CIA는 "미군 철수 이후 북한의 침공 가능성이 매우 높다highly probable"고 경고했죠. 9.11 테러 때도 미국 NSA가 2000년 1월 테러범 3명의 통화를 감청해 불순한 정황을 사전에 포착하고도 범행을 막지 못했습니다. 돌다리도 수십 번을 두드려본다는 정보의 세계에

2017년 7월 가자 지구에서 열린 퍼레이드에 참가한 팔레스타인 무장단체 하마스 부대원들. 이스라엘 정보기관의 오판이 2023년 하마스의 초기 기습에 무력하게 대응하는 결과를 초래했다. (출처: 게티이미지)

서 왜 이런 일이 벌어질까요? 이에 대해 학자들은 여러 요인을 꼽지만 그중에서도 자국 관점에서 적국을 파악하는 '거울 이미지mirror image' 효과를 듭니다. 철저히 상대국의 입장에서 의도를 분석해야 함에도 정보 분석 과정에 자국 관점이 끼어든다는 얘기입니다. 사람들이 자기 시각에서만 상대방을 이해하려고 들어 소통이 안 되는 이치와 비슷합니다.

이스라엘-하마스 전쟁에서는 첨단무기로 도배한 아이언돔iron dome과 아이언월iron wall이 있는 한 하마스가 국경을 정면 돌파하는 기습을 시도하지는 않으리라는 섣부른 예단이 화를 불렀습니다. 하지만 하마스는 이런 이스라엘의 의중을 간파하고 다량의 로켓과 드론, 행글라이더 부대로 정면 침투를 감행해 허를 찔렀죠. 이스라엘이 무인 첨단기기라는 자국의 방어 전략에 갇혀 적의 동태를 제대로 살피지 않은 겁니다.

　이스라엘이 망국 직전까지 갔던 1973년 제4차 중동전쟁(욤 키푸르 전쟁) 때도 비슷한 일이 벌어졌습니다. 당시 이스라엘 정부는 자국의 압도적인 공군력에 대응할 수 있는 방공망이 구축되지 않는 한 이집트가 공격하지 못할 거라고 봤습니다. 또 시리아는 이집트 도움 없이는 경거망동할 수 없을 거라고 예상했죠. 하지만 결과는 이집트와 시리아의 협공에 따른 초기 참패였습니다. 기습 직전 후세인 요르단 국왕이 골다 메이어 이스라엘 총리를 만나 위험을 경고하고 나세르 이집트 대통령의 사위 아슈라프도 모사드에 경고 메시지를 보냈지만 이스라엘의 오판은 끝내 바뀌지 않았습니다.

과거사에 갇혀 독소전쟁 오판한 스탈린

　시계를 2차 세계대전 당시로 돌려보죠. 나치에 밀려 연전연패하던 영국에 한줄기 서광이 비친 건 1941년 6월 발발한 독소전쟁이었습니다. 그해 12월 미국의 2차 세계대전 참전과 더불어 전쟁의 거대한 흐름을 바꾼 대사건이죠. 그 2년 전인 1939년 8월 히틀러와 불가침 조약을 맺은 스탈린은 독일군의 기습 공격에 크게 당황합니다. 나치 침공 당시 소련이 보낸 지원열차가 독일을 향하고 있을 정도로 전혀 예상치 못한 일격이었습니다. 그런데 이때도 소련 정보당국은 독일군의 침공 가능성이 높다는 보고를 84차례에 걸쳐 올렸습니다. 하지만 스탈린은 이를 무시했죠. 러시아 내전 당시 미국, 영국, 프랑스, 일본이 볼셰비키에 맞서 백군을 지원한 기억에 사로잡혀 독일 침공 정보를 자신과 히틀러를 이간질하려는 영국의 음모로 규정한 겁니다.• 영미 등 자본주의 제국이 프롤레타리아트 사회주의 혁명을 무너뜨리려 한다는 볼셰비키 혁명관도 영향을 미쳤습니다. 이에 스탈린은 연합국이 흘리는 '역(逆) 정보'에 속지 말라고 지시하죠. 절대 권력을 휘두르는 수령의 지시에 소련 정보기관은 그만 입을 다물 수밖에 없었습니다. 과거의 경험과 사회주의 혁명관이라는 '거울 이미지'가 정보 실패로 이어진 겁니다.

미국의 오판, 진주만 공습과 한국전쟁

일본의 진주만 공습 당시 정보 실패는 '인종주의 편견'이라는 거울 이미지가 작동한 사례입니다. 1941년 12월 7일 일본

• 1917~1922년 러시아 내전 때 미국, 영국, 프랑스, 일본은 볼셰비키에 맞서 왕정 복고주의자, 자유주의자 등으로 구성된 백군을 지원했습니다.

해군 항공기 360대가 하와이 진주만의 미 해군기지를 기습해 전함 5척, 경순양함 1척, 항공기 480대 등이 한꺼번에 파괴되는 큰 피해를 입자 루스벨트와 처칠은 충격에 빠집니다. 이들이 "조그마한 황색인"이라고 비하한 일본이 감히 미국을 공격하리라곤 상상도 하지 못했기 때문이죠. 동양인을 멸시한 더글러스 맥아더 장군도 "진주만을 공격한 조종사들이 백인 용병일 것"이라고 주장할 정도였습니다. 인종적 편견이라는 거울 이미지에 빠져 일본에 대한 정보활동을 소홀히 한 대가로 미국은 태평양전쟁 초기 항모 부족에 시달려야 했습니다.

한국전쟁은 소련과 북한의 진의를 오판한 미국의 정보 실패 사례로 꼽힙니다. 당시 소련과 중국이 압도적인 핵 공격 능력을 가진 미국과 전면전을 벌이기 힘든 상황에서 소련의 위성국인 북한이 쉽사리 전쟁을 벌이지 못할 거라고 판단한 겁니다. 이에 따라 CIA는 게릴라전 같은 제한 전쟁 가능성만 백악관에 줄기차게 보고했습니다. 딘 러스크 당시 국무부 차관보가 전쟁 닷새 전인 1950년 6월 20일 "우리는 북한이 전면전을 일으킬 의도가 없다고 보고 있다"고 단언한 이유입니다. 하지만 현실은 소련과 중국의 지원을 받은 북한의 전면전 감행이었습니다. 미국이 자국의 핵 무장력을 앞세워 소련, 중국, 북한의 의도를 지레짐작한 실수는 전쟁 사흘 만에 수도 서울을 빼앗기는 참사로 이어졌습니다.

1941년 독소전쟁 당시 소련 영토로 진격하는 독일군. 스탈린은 러시아 내전 등에 의한 '거울 이미지'에 빠져 독소전쟁의 여러 전조를 외면해 피해를 키웠다.

한국전쟁 당시 38선을 넘어 남침하고 있는 북한군 부대. 미국 CIA는 북한이 전면전을 벌이지 못할 거라고 오판했다.

정보기관의 정치화가 낳은 실패

　미국 외교전문지 〈포린폴리시〉는 이스라엘-하마스 전쟁에서 네타냐후 이스라엘 총리의 강한 당파성이 정보기관에 대한 불신을 낳아 정보 실패로 이어졌다고 분석했습니다. 네타냐후가 사법부를 무력화하는 비민주적 정책을 강행하는 과정에서 이에 반대한 군부와 정보기관을 적대시했다는 겁니다. 권위주의 정권에서 정책 결정자들은 정보기관을 길들이려는 행태를 보이기 마련입니다. 자신의 선호에 부합하지 않는 정보를 제공하면 충성심이 부족한 걸로 판단합니다. 이에 따라 정보기관은 인사, 예산권을 틀어쥔 권력자의 입맛에 맞게 정보를 가공하며 정세를 왜곡하기 쉽습니다. 정보기관의 이 같은 정치화는 첩보의 세계에서 가장 피해야 할 현상입니다.

　조지 부시 행정부의 이라크 침공 당시 대량살상무기WMD 정보 실패가 대표적인 사례입니다. 미국 싱크탱크인 카네기 국제평화재단은 2004년 1월 8일 보고서에서 "이라크가 WMD를 폐기 또는 이동하거나 은닉했을 가능성은 없다. 부시 행정부가 이라크의 WMD 위협을 조직적으로 왜곡했다"는 결론을 내렸습니다. 한마디로 9.11 테러에 대한 보복 차원에서 이라크를 침공하기 위한 명분을 얻기 위해 정보기관이 나서 WMD 위협을 조작했다는 겁니다.

　예컨대 CIA는 2001년 이라크가 암시장에서 알루미늄 튜브

2003년 4월 미 해병대 전차들이 이라크 바그다드 시내를 달리고 있다. 미국 정보기관들은 이라크의 WMD 위협을 조작해 이라크 전쟁 명분을 제공했다.

를 구입하려고 한 것을 핵무기 개발 증거라고 보고했습니다. 해당 알루미늄 튜브의 크기, 모양, 재질이 핵무기 부품과 전혀 다르다고 보고한 다른 정보기관의 분석은 무시됐습니다. 결국 나중에 구성된 조사위원회는 해당 알루미늄 튜브가 재래식 로켓용 부품이며 핵무기와 무관하다고 결론 내렸습니다. 또 CIA의 WMD 정보 출처 중 하나는 이라크인 망명자들이었는데 이것도 문제가 많았습니다. 당시 이라크 지도자 사담 후세인 축출을 염원한 이들이 미국의 개입을 유도하기 위해 WMD의 존재를 허위로 보고했기 때문이죠.

반면 16세기 영국 엘리자베스 1세 시대 정보기관 수장이던 프랜시스 월싱엄(1532~1590)은 당시 통치 이념에 반하는 인재도 과감히 등용하며 정보를 폭넓게 수집했습니다. 당시 종교전쟁으로 유럽에서 신·구교 갈등이 치열했던 터라 영국 내에서 자국의 가톨릭 세력이 스페인과 힘을 합쳐 정권을 전복시키려 한다는 의심이 컸습니다. 1588년 스페인 펠리페 2세는 무적의 함대로 불린 '아르마다'로 영국을 침공하기도 했죠. 월싱엄은 이런 상황에서도 영국 왕실을 피해 대륙으로 망명한 가톨릭 인사들을 스파이로 고용해 정보 수집을 강화했습니다. 당시 영국과 주도권 경쟁을 벌인 펠리페 2세가 스페인 내 개신교 세력을 제거하는 데만 골몰한 것과 비교됩니다. 덕분에 엘리자베스 여왕은 대영제국의 빛나는 서막을 열 수 있었습니다.

기만전술과 정보 실패

이스라엘-하마스 전쟁에서 하마스의 기만전술도 이스라엘 정보 실패의 원인으로 지목됩니다. 로이터 등 외신 보도에 따르면 하마스는 2년에 걸쳐 이스라엘과 화해 무드를 조성하면서 은밀히 군사훈련을 진행했습니다. 2021년 이스라엘 정부가 가자지구 주민들이 이스라엘에서 일할 수 있는 허가증을 발급하자 이를 받아들이며 2년간 이스라엘에 대한 공격을 자제한 겁니다. 가자지구의 또 다른 무장단체 이슬람 지하드도 이 같은 '위장 평화 공세'에 가세했죠. 그러고는 가자지구에 이스라엘 정착촌 모형을 만들어 놓고 몰래 침투 훈련을 실시했습니다.

이스라엘은 이런 정황을 포착하고도 하마스가 노동자 파견 제안을 수용하는 등 유화적인 자세로 돌아선 만큼 전면전을 감행하지는 않을 거라고 오판했습니다. 이스라엘군 관계자에 따르면 기습 몇 주 전 정보기관 고위관계자가 "하마스는 대규모 공격에 관심이 없다"고 말하기도 했습니다.

한국전쟁에서도 기만전술은 정보 실패를 초래했습니다. 예컨대 북한은 전쟁 직전 해인 1949년 4월 세계평화옹호대회에 참가해 군비경쟁 및 전쟁예산 증가 반대를 주장했습니다. 이어 그해 6월 29일에는 조국통일민주주의전선을 결성해 평화통일 방안을 남한에 제안했습니다. 전쟁 석 달 전인 1950년 3월에는 스톡홀름 평화대회에 참가해 군비 축소 주장에 찬성하고 북한 전역에서 서명 운동까지 벌였죠. 6월 19일에도 남한 국회가 동의한다면 통일 방안을 협의할 용의가 있다고 재차 제안합니다. 이와 함께 군사적 기만 작전도 벌입니다. 북한은 휴전선 부근으로 부대를 배치하는 등의 남침 준비를 대규모 야외 훈련으로 위장했죠. 또 일선 군인들에게는 공격 개시가 임박해서야 작전 지침을 통보하는 등 보안에 각별한 주의를 기울였습니다. 한국전쟁 직전 벌어진 남북한의 소규모 군사 충돌은 전면전 발발 징후를 위장하는 데 활용됩니다. 트럼프 대통령 집권 이후 중국 정보기관의 사이버전 역량이 비약적으로 발전하면서 미국뿐 아니라 한국 등 동맹국들에도 촉수를 뻗치고 있습니다. 이럴 때일수록 국가정보원의 정보 실패를 최소화 할 수 있는 방안을 찾는 것이 매우 중요합니다.

20장

반복되는 국정원 인사 파동, 원인과 해법은?

　윤석열 정부 출범 직후인 2022년 9월 처음 불거진 국가정보원(이하 '국정원'으로 표기) 인사 파동은 결국 이듬해 11월 김규현 국정원장과 1, 2차장 등 지휘부가 한꺼번에 교체되는 초유의 사태로 이어졌습니다. 진보에서 보수 정부로 정권 교체 후 국정원 간부들을 대거 갈아치우는 과정에서 잡음이 일어난 거였죠. 업무 속성상 인사, 예산 등이 철저히 베일에 가려져야 하는 정보기관에서 인사 잡음이 외부로 알려진 건 이례적인 일입니다. 국내외 정보 실패 사례들을 통해 국정원 개혁을 위한 방안을 알아보겠습니다.

국정원의 대북 정보 실패 사례

2011년 12월 17일 김정일 사망 사건은 국정원의 대표적인 정보 실패 사례로 꼽힙니다. 이명박 정부 당시 원세훈 원장이 이끌던 국정원은 김정일이 사망하고 이틀이 넘도록 이를 알지 못하다가 북한의 보도 후에야 파악했습니다. CIA 등 서방 주요 정보기관들도 김정일 사망을 알지 못했다고는 하지만 이들이 갖지 못한 고급 휴민트(인간 정보 자산)를 보유했다는 국정원조차 이를 까맣게 모르고 있었다는 사실에 충격이 컸습니다.

유일 지배 체제 국가인 북한에서 수령의 일거수일투족은 가장 중요한 정보 가치를 갖습니다. 예컨대 북한은 2018년 북미 정상회담 때 수령의 신체 정보 유출을 막기 위해 김정은의 전용 변기까지 싱가포르로 공수해갔죠. 세계에서 가장 폐쇄적인 통제 국가에서 수령의 신상 정보를 얻는 건 지극히 어렵습니다. 설사 평양에 외교 공관을 둔 국가라도 이중 삼중의 감시 구조로 인해 협조자를 구하는 건 하늘의 별따기죠. 이런 북한에서 수령에 대한 정보를 얻으려면 권력 핵심에 접근할 수 있는 정보원을 확보해야 합니다. 그런데 1994년 7월 8일 김일성 사망 당시엔 국가안전기획부(현 국정원)가 휴민트를 동원해 이 사실을 즉각 파악한 것으로 알려져 있습니다. 그렇다면 이로부터 17년 후 김정일 사망 사실은 왜 곧바로 포착하지 못했을까요? 이를 두고 이명박 정부가 집권 직후 국정원을 개편하는

김대중 대통령이 취임 3개월 뒤인 1998년 5월 국가정보원으로 개칭되기 직전 국가안전기획부 청사를 방문해 원훈석 제막식을 갖고 있다. '음지에서 일하고 양지를 지향한다'는 부훈은 '정보는 국력이다'라는 원훈으로 바뀌었다.

과정에서 대북전략국을 해체해 정보망에 구멍이 뚫렸기 때문이라는 지적이 나왔습니다.

역대 정부서 반복된 '정보기관의 정치화'

전문가들은 정권 교체기마다 국정원의 인적 청산이 대규모로 이뤄져 전문성이 떨어지는 폐해가 반복되고 있다고 말합니다. 한 분야를 오랫동안 담당하며 쌓아놓은 정보망(인적 네트워크)이 대규모 조직개편 과정에서 사라진다는 얘기입니다.

이명박 정부에서 대북전략국이 해체돼 대북 정보망이 흔들린 사례가 대표적입니다.

 윤석열 정부는 신임 국정원장을 발표하기 전인 2022년 5월 11일 문재인 정부에서 임명된 박지원 원장을 해임한 데 이어, 1급 국장 27명 전원을 대기 발령했습니다. 문재인 정부에선 국정원에 '적폐 청산 TF'를 설치하고 대공 수사권을 경찰로 넘기는 등 대대적인 조직개편에 나섰죠. 김대중 정부는 국가안전기획부의 명칭을 국가정보원으로 바꾸고, 전 직원의 약 11%를 감축했습니다. 김영삼 정부에선 국가안전기획부 직원 약 300명을 대기 발령했습니다. 12.12 쿠데타로 집권한 전두환 정부에선 전두환 당시 보안사령관이 중앙정보부장을 직접 겸임하면서 조직개편을 단행해 약 300명의 요원들을 내보냈습니다.

 역대 정부마다 이런 현상이 반복되는 건 국정원을 정권의 친위기관으로 여겨 '내 사람'을 심어야 한다는 인식이 강하기 때문입니다. 전형적인 '정보기관의 정치화'입니다. 정책 결정자가 정보기관을 길들이려는 조치는 정보 실패로 이어집니다. 앞서 베냐민 네타냐후 이스라엘 총리의 사례에서 살펴봤듯, 정보기관이 인사·예산권을 틀어쥔 권력자의 입맛에 맞게 정보를 가공하는 과정에서 정세를 왜곡하기 때문이죠. 미소 냉전이 심화된 1950~1960년대 서구를 발칵 뒤집어 놓은 '케임브리지 5인방Cambridge Five' 사건•도 권력자의 왜곡된 시각이 정보 실패를 부른 사례입니다. 영국 케임브리지대 출신으로 영국 정보기관에서 활동한 킴 필비, 도널드 매클레인, 가이 버지스 등 5인방은 사회주의 신념에 따라 자진해서 소련에 기밀 정보를 제공한 이중 스파이였습니다. 이들은 서방의 핵심 정보를 대거 전달했지만, 스탈린의 마음을 얻지는 못했습니다. 케임브리지 5인방은 본질적으로 영국의 스파이라는 스탈린의 선입견으로 인해 이들이 제공한 1급 정보들은 사실상 사장됩니다.

오판 줄이기 위한 견제 필요성

이스라엘 정보기관이 하마스의 위장 평화 공세에 속아 이들의 공격 의도를 직시하지 못한 것처럼, 정보 실패는 기본적으로 적의 의도와 능력에 대한 오판에서 비롯됩니다. 사실 하나의 현상에 대한 상이한 정보보고들 속에서 올바른 판단을 내린다는 게 말처럼 쉽지만은 않습니다.

시계를 제2차 세계대전 때로 돌려보죠. 1933년 집권 후 국제연맹을 탈퇴하고 재무장에 박차를 가한 히틀러가 1938년 3월 오스트리아에 이어 그해 9월 체코슬로바키아를 침공하자

● 2011년 개봉한 영국 영화 〈팅거 테일러 솔저 스파이(Tinker Tailor Soldier Spy)〉는 케임브리지 5인방을 모티브로 제작되었습니다.

영국에선 대응 방향을 놓고 논란이 벌어집니다. 히틀러와 적당히 타협하자는 주장과, 더 이상의 침략을 저지하려면 무력 개입까지 불사해야 한다는 주장이 맞섰죠. 이때 영국 국내정보국MI5은 독일 내 핵심 정보원의 보고를 토대로 히틀러에 대한 강경 대응이 필요하다는 보고를 올립니다. 이 정보원의 이름은

반 나치주의자였던 독일 외교관 볼프강 추 푸틀리츠. 그는 2차대전 발발 전 나치 독일에 대해 강경 노선이 필요하다고 주장했다.

나치에 반대한 독일 외교관 볼프강 추 푸틀리츠(1899~1975)였습니다. 독일 지도부의 내부 정세에 밝았던 그는 유화책은 히틀러를 공격적으로 만들 뿐이며 그를 막는 유일한 길은 강경 노선이라고 강조했습니다. 1938년 푸틀리츠는 MI5에 "영국이 전쟁도 불사하겠다는 단호한 태도를 보인다면 히틀러의 엄포는 성공하지 못할 것이다. 독일군은 아직 큰 전쟁을 치를 준비가 안 돼 있다"고 알려줬습니다.

그의 말처럼 독일군은 1938년 3월 12일 오스트리아 침공 당시 아무런 저항을 받지 않았는데도 차량 고장으로 진군이 지연될 정도로 전쟁 준비에 빈틈이 많은 상태였습니다. 그러나 이후 체코를 병합하며 전쟁 물자를 추가로 확보한 뒤 전력을 끌어올릴 수 있었습니다. 상당수 역사가들은 독일의 체

코 침공 당시 영국, 프랑스가 연합해 히틀러의 요구를 거부하고 강경론을 고수했다면 2차 세계대전이 발발하지 않았을 수도 있다는 견해를 내놓고 있습니다. 그런데 당시 해외 정보 수집을 맡은 영국 비밀정보부MI6의 보고는 MI5와 정반대였습니다. MI6는 체코가 독일어권인 주테텐 지방을 독일에 내주면 히틀러의 폭주가 멈출 거라고 했죠. 하지만 현실은 MI6의 예상과 달랐습니다. 결국 MI6 보고대로 독일을 회유하기 위해 주테텐을 할양하는 내용의 1938년 뮌헨협정은 도리어 히틀러의 야욕을 키우는 결과를 초래합니다.

여기서 주목할 부분은 MI6의 잘못된 판단에 대해 MI5가 견제구를 날렸다는 겁니다. 하지만 두 기관의 정보가 적시에 공유, 조정되는 시스템이 당시엔 갖춰지지 않았습니다. 정보의 다양한 해석과 기관 간 견제를 유도하는 동시에 여러 정보를 공유, 조정할 수 있는 시스템이 필요하다는 교훈을 얻을 수 있습니다.

한국의 정보기관은 국내와 해외, 대북 정보 수집 기능이 국정원 한 곳에 통합돼 있는 구조입니다. 여기에 국군정보사령부, 국군방첩사령부, 경찰정보국 등 여타 정보기관들의 업무를 조정하고 예산을 관리하는 기능까지 국정원이 도맡고 있죠. 이에 따라 기관 간 견제를 위해 국내와 해외 정보 수집 기능을 분리할 필요가 있다는 지적이 나옵니다. 사실 미국(중앙정보국CIA 연방수사국FBI 국가안보국NSA 등), 영국(MI5,

MI6), 러시아(연방보안국FSB, 대외정보국SVR), 독일(연방헌법수호청BFV, 연방정보원BND) 등 주요국들은 국내와 해외 정보기관을 분리해 운영하고 있습니다. 미국은 9.11 테러 이후 정보 공유의 중요성을 절감해 콘트롤타워로 미국 국가정보장실 ODNI을 신설하고 CIA 등 각 정보기관들의 업무를 조정하도록 하고 있습니다.

정보 공유의 중요성 보여주는 사건들

한국전쟁 때로 시계를 돌려보겠습니다. 당시 북한의 기습 공격에 남한이 허를 찔린 것은 정보 실패에서 비롯됐습니다. 전쟁 전 남한에 파견된 CIA 요원이 불과 2~3명에 불과했던 데다(심지어 한국인 정보원들이 보내온 정보보고를 번역할 수 있는 한국어 가능자조차 당시 CIA 본부엔 없었습니다) 이들의 정보 수집 및 분석 역량이 떨어졌다는 게 학계의 분석입니다. 남한에서 미군 철수로 한반도 업무까지 맡은 미 극동군 사령부(일본 도쿄 소재)의 비협조도 한몫했죠. 정보기관의 기능을 무시한 더글러스 맥아더 극동군 사령관이 CIA와의 정보 공유를 차단했기 때문입니다(CIA 본부는 1950년 5월 이후에야 미 극동군 사령부의 정보에 완전히 접근할 수 있었습니다). 이로 인해 북한군에 대한 CIA의 정보 역량은 한계에 부닥칠 수밖에 없었습니다.

정보기관 간 견제와 더불어 정보 공유와 조정이 중요하다는 교훈은 2차 세계대전에서도 확인됩니다. 전쟁 초기 독일 유보트의 무제한 잠수함 작전으로 영국 해군은 궤멸적 피해를 입으며 최대 위기에 봉착합니다. 그런데 이때 천재 수학자 앨런 튜링이 독일군 암호체계(에니그마)를 해독한 데 이어 영국 정부통신본부GCHQ가 독일군의 시긴트(신호 정보)를 통합 수집하면서 판세를 뒤집습니다.• 당시 영미 연합군의 신호 정보가 적시에 GCHQ로 취합돼 시너지 효과를 낼 수 있었던 겁니다.

반면 독일에선 국방군 최고사령부 암호국, 외무부 체트z국, 헤르만 괴링의 조사국, 나치 친위대ss 산하 보안국SD, 육해공군 정보기관들이 각기 신호 정보를 수집, 분석하고는 이를 공유하지 않았습니다. 독일이 영국의 GCHQ처럼 통합 정보체계를 구축하지 않은 건 히틀러가 자신의 권력을 강화하기 위해 각 정보기관들의 충성 경쟁을 유도하려 했기 때문입니다. 효율성 대신 권력 집중을 선택한 거죠(나치의 정보 실패 사례는 권위주의 정부의 경쟁력이 민주주의 국가보다 떨어질 수 있다는 사실을 보여줍니다).

정보 공유의 중요성은 2001년 9.11 테러 때도 확인됩니다. 미 의회의 9.11 진상조사위원회는 최종 보고서에 미국이 정보

● 앨런 튜링의 일대기는 영화 〈이미테이션 게임〉(2015)에 실감나게 묘사돼 있습니다.

2011년 9.11 테러 당시 피랍된 여객기와 충돌해 불타고 있는 옛 세계무역센터. 이 사건을 계기로 미국은 대대적인 정보기관 개혁에 착수했다.

통합관리에 실패해 테러를 무산시킬 수 있는 기회를 놓쳤다고 밝혔습니다. 예컨대 NSA는 2000년 1월 테러 감행 전 답사차 말레이시아 쿠알라룸푸르를 방문한 범인 3명의 통화를 감청해 수상한 점을 파악했지만 FBI, CIA 등에 알리지 않았습니다. 또 CIA는 2001년 3월 태국 정부로부터 테러범 중 한 명이 LA행 항공기에 탑승했다는 정보를 전달받았지만 이를 FBI와 공유하지 않았죠. FBI는 비행훈련을 하던 아랍인을 체포해 추방 조치만 내리고 CIA와 정보를 공유하지 않았습니다. 조사위에 따르면 당시 체포된 아랍인의 신상 정보를 CIA의 알카에다 데이터베이스와 비교한 뒤 심문했다면 테러 모의 정보를 사전에 입수할 수 있었습니다.

종합하면 NSA, CIA, FBI, 국무부, 군 등 관련 정보기관들이 수집한 정보를 제때 공유할 수 있는 시스템의 미비가 9.11 테러를 막지 못한 결정적 요인이었습니다. 이에 따라 조사위는 정보기관 간 정보 공유를 확대하고, 이들을 통합 조정하는 국가정보장실ODNI 신설을 제안합니다. ODNI는 CIA, FBI, NSA 등 18개 정보기관을 통솔하는 한편, 이들의 예산을 통제할 수 있는 막강한 권한을 쥐고 있습니다.

정보 실패에 빠지지 않기 위한 해법은

지금까지 정보 공유 실패 사례들을 통해 정보기관의 정치화를 막고, 기관 간 견제(해외 정보와 국내 정보 수집 기능의 분리)를 유도하되 취합한 정보를 적시에 공유할 수 있는 '조정 시스템'이 필요하다는 시사점을 얻을 수 있었습니다. 또 정권 교체기마다 반복되는 국정원의 인사 파동을 근절하려면 국정원을 최고 권력자의 친위기관으로 여기는 행태에서 벗어날 필요가 있습니다. 미중 갈등과 북핵 위기 등이 맞물려 안보 위협이 커진 요즘 국정원의 역할은 그 어느 때보다 막중할 수밖에 없습니다. 국정원이 정권 교체에 따른 부침浮沈에서 벗어나 정보 실패에 빠지지 않도록 합리적 방안을 찾아야하지 않을까요.

수미 테리 사건과 '동맹국 첩보전'의 역사

2024년 7월 공개된 수미 테리 사건은 외교가와 정치권에 큰 파장을 일으켰습니다. 당시 미국 뉴욕 남부지검이 CIA 출신의 북한 안보 전문가 수미 테리 미 외교협회CFR 선임연구원을 외국대리인등록법FARA 위반 혐의로 기소했습니다. 그가 공직에 있던 2013년부터 한국 정부를 위해 미국의 비공개 정보를 제공했다는 것이 기소 이

수미 테리 전 CIA 분석관이 2023년 11월 서울 종로구 정부서울청사 별관에서 자신이 제작한 북한 인권 다큐멘터리 '비욘드 유토피아' 상영회에서 인사말을 하고 있다.

유였습니다.

윤석열 정부 들어 한미 동맹이 한층 공고해졌다는 평가가 나온 터에 동맹국에 대한 첩보 활동이라는 '불편한 진실'이 수면 위로 드러난 이 사건은 정보기관의 정치화라는 관점에서도 되짚어 볼 여지가 있습니다. 먼저 제1차 세계대전 당시로 시계를 돌려보겠습니다.

'침머만 전보 사건'과 英 대미 첩보전

"미국을 전쟁에 끌어들일 만한 물건을 하나 건졌습니다."

1917년 1월 17일 영국 해군정보부 40호실. 신호정보SIGINT 분석관 나이절 드 그레이가 상관인 레지널드 홀에게 의미심장한 말을 건넸습니다. 미 워싱턴에서 오가던 신호 정보를 감시하던 그에게 독일 외무장관 아르투르 침머만이 워싱턴 주재 독일 대사관에 보낸 전문이 포착된 겁니다. 최종 수신처는 멕시코 주재 독일 공사관. 암호 해독 후 파악된 내용은 충격적이었습니다.

"1917년 1월 19일. 우리는 무제한의 잠수함 전쟁을 2월 1일 개시하려고 합니다. 이 전쟁을 벌이더라도 우리는 미국의 중립국 유지를 위해 노력할 겁니다. 이 노력이 성공하지 못할 경우 우리는 다음과 같은 조건으로 멕시코에 동맹을 제안합니다. 전쟁을 함께 벌이자. 평화를 함께 이루자. 우리 측에선 멕시코가 텍사스, 뉴멕시코, 애리조나의 실지를 탈환하도록 관대한 재정 지원을 약속합니다. 귀하는 미국과의 전쟁 발발이 확실해지자마자 가장 은밀하게 위의 사항을 멕시코 대통령에게 알리고 그가 자발적으로 일본에 즉각적인 동조를 요청하는 동시에 우리와 일본 사이를 중재하는 방안을 그에게 제시하기 바랍니다."

한 마디로 이 전문은 유럽에 이어 미국이 1차 세계대전에 참전할 경우 미국과 영토를 맞대고 있는 멕시코와 전시 동맹을 맺으려는 내용이었습니다. 이를 위해 텍사스, 뉴멕시코, 애리조나 등 과거 멕시코가 미국에 빼앗긴 영토를 회복하도록 지원하겠다는 조건을 제시한 것. 영국으로부터 침머만 전문을 전달받은 미국은 큰 충격에 빠집니다. 당시 우드로 윌슨 미 대통령은 중립을 지키며 독일과 영국 사이에서 평화조약을 모색하고 있었죠. 하지만 그 사이 독일은 미국의 뒷통수를 칠 기회를 노리고 있었던 겁니다.

1917년 3월 1일 뉴욕타임스 등 미국 주요 신문들의 1면 헤드라인을 침머만 전문이 장식하자 미국에서 참전 여론이 들끓게 됩니다. 결국 윌슨 대통령은 한 달 뒤인 4월 2일 미 상하원 합동회의에서 독일에 대한 선전포고를 요청하며 이런 연설을 남깁니다.

"멕시코 주재 독일 공사에게 보낸 절취된 전문은 바로 우

독일의 '침머만 전보' 사건을 1면 머릿기사로 실은 1917년 3월 1일자 〈뉴욕타임스〉 지면. 이 사건은 미국의 1차 대전 참전에 결정적 계기로 작용했다.

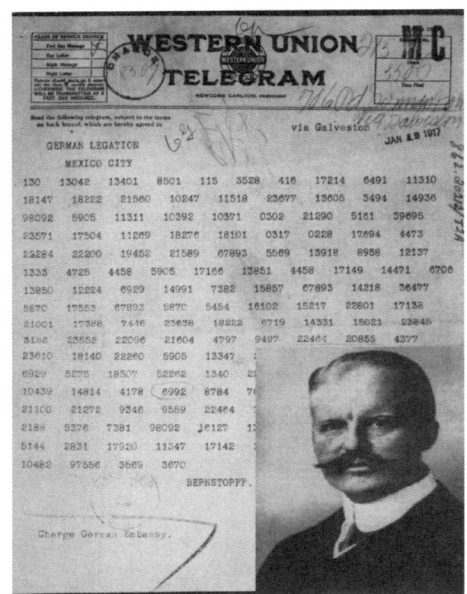

독일 외무장관 아르투르 침머만(오른쪽 아래 인물)이 워싱턴을 거쳐 멕시코 공사관에 보낸 비밀 외교 전문. 이 전문에서 독일은 멕시코에 '전시 동맹'을 제안했다.

리 집 앞의 이웃을 적으로 만들려는 독일의 의도를 보여주는 증거입니다."

이로부터 나흘 뒤 미국은 독일에 선전포고를 합니다. 독일에 맞서 싸울 영국의 강력한 우군이 생긴 겁니다. 그날 밤 침머만 전문을 입수한 드 그레이와 책임자 레지널드 홀은 축배의 샴페인을 터트렸다고 합니다. 1914년 1차 세계대전 발발 후 미국이 중립을 유지하는 3년 동안 영국 등 연합국은 독일의 무제한 잠수함 작전 등으로 물자 부족에 시달리며 전쟁 수행에 상당한 어려움을 겪고 있었기 때문이죠.

'동맹국 도청' 감춘 英 기만작전

그런데 침머만 전보 사건의 이면에는 영미 사이에 심각한 외교 갈등을 초래할 수 있는 문제가 도사리고 있었습니다. 그동안 영국이 미국의 대서양 횡단 케이블을 지속적으로 도청해 적국인 독일뿐 아니라 우방인 미국의 외교 통신도 가로챘다는 불편한 진실이었죠. 최근의 수미 테리 사건처럼 최대 우방국에 대한 첩보 행위가 들통이 난 셈입니다.

침머만 전문을 처음 보고받은 영국 해군정보부 40호실 책임자 레지널드 홀도 이를 매우 우려했습니다. 그래서 그는 절취한 전문을 활용하기에 앞서 그 출처를 위장하는 작전을 벌입니다. 멕시코시티 주재 영국 총영사였던 에드워드 더스턴에게 요청해 현지 전신국으로부터 침머만 전문 사본을 입수토록 한 겁니다. 즉 워싱턴 주재 독일 대사관이 멕시코시티 공사관에 보낸 전문을 도청한 것처럼 꾸며서 미국 정부에 알려준 겁니다. 자신들이 워싱턴에서 전문을 절취한 사실을 가리기 위한 은폐 공작이었죠.

이와 함께 런던 주재 미국 특파원들을 속이는 기만 작전도 벌입니다. 미국 정보요원들이 전문을 입수한 것처럼 기자들에게 거짓 정보를 흘린 겁니다. '국뽕'에 취한 미국 기자들이 이를 대서특필할 거라는 점을 노린 술수였죠. 레지널드 홀은 미국 뉴욕 주재 해군무관 가이 곤트에게 다음의 편지를 보냅니다. "미국 기자들은 자국 정보기관이 침머만 전문을 확보했다고 확신하고 있습니다. 우리의 미국 내 도청 라인은 계속 사용할 수 있을 겁니다."

동맹 첩보활동은 유럽 '세력균형 외교' 산물

1차 세계대전 당시 영국의 대미 첩보활동은 사실 새로운 건 아니었습니다. 국가 간 세력균형에 따라 적과 동지를 수시로 바꾸는 유럽 외교에선 늘상 벌어지던 일이었죠. 17세기 베스트팔렌 체제(독일 30년 전쟁을 매듭짓기 위해 1648년 유럽 각국이 베

1814-15년 빈 회의 당시 각국 대표단을 그린 장 밥티스트 이사베이의 그림. 이곳에선 적과 우방을 가리지 않고 치열한 스파이 활동이 벌어졌다.

스트팔렌 지방에서 체결한 평화조약. 근대 국제협약의 시원으로 주권 평등의 국민국가 개념이 확립되는 계기가 되었습니다) 수립으로 유럽 각국에 본격적으로 들어선 외교 공관은 첩보활동의 온상이었습니다. 예컨대 러시아의 '검은 방'이나 프랑스의 '흑실cabinet noir'은 전신이 도입되기 전부터 자국 수도에 주재하는 각국 외교공관 내 협조자를 포섭한 뒤 이곳을 오가는 각종 편지와 보고서를 가로채 첩보를 수집했습니다. 여기에는 우방국도 예외가 아니었죠.

1814~15년 나폴레옹의 프랑스에 공동으로 맞서 전쟁을 벌인 영국, 러시아, 오스트리아 등이 오스트리아 빈에서 연 국제

회의에서도 이런 현상은 두드러졌습니다. 나폴레옹 시대가 무너진 이후의 유럽 지도를 새로 그리기 위해 개최된 '빈 회의'는 각국 군주와 외교관들이 모여 당시 유럽 역사상 최대 규모로 열렸습니다. 이때 유럽 각국은 상대국의 의도를 파악하기 위해 다수의 스파이들을 대동합니다.

예를 들어 각국 대표단의 수발을 드는 하인으로 위장한 스파이들이 대화를 엿듣고 편지와 외교문서를 몰래 복사하는 한편 휴지통이나 벽난로에서 타다 남은 문서까지 샅샅이 뒤졌습니다. 오스트리아 황제 궁전(호프부르크)에 머문 외빈들도 여기에서 예외는 아니었죠. 이처럼 유럽의 장기 평화를 상징하는 이른바 '유럽 협조체제concert of europe'조차 수면 아래에선 우방 간 스파이 활동이 치열하게 펼쳐졌습니다.

수미 테리 사건에서 '정보 실패'

수미 테리 사건에서 국가정보원 요원들이 그녀에게 고급 가방을 사주고 비싼 식당에서 접대하는 장면이 미 연방수사국FBI의 감시 카메라에 포착돼 국정원의 해외공작이 허술하다는 비판이 나왔습니다. 이를 두고 대통령실 관계자가 "문재인 정권 때 일어난 일"이라며 감찰을 시사해 논란이 되기도 했죠. 이 관계자는 "문재인 정부가 국정원 차원에서 전문적으로 외교활동을 할 수 있는 요원들을 다 쳐내고 아마추어 같은 사람들로 채워 넣어 문제가 발생했다"고 주장했습니다. 정권 교체기마다 반복되는 국정원의 정보 실패가 수미 테리 사건의 본질이라고 지적한 겁니다.

앞서 다룬 것처럼 정권 교체 때마다 국정원의 인적 청산이 대규모로 이뤄져 전문성이 떨어지는 폐해는 어제, 오늘 일이 아닙니다. 한 분야를 오랫동안 담당하며 쌓아놓은 정보망(인적 네트워크)이 대규모 조직개편 과정에서 사라진다는 얘기입니다. 수미 테리 사건도 이런 현상과 무관치 않습니다.

정리하면 동맹국에 대한 첩보활동은 유럽 세력균형 외교에서 비롯된 것으로 1차 세계대전 당시 미국의 참전을 유도한 '침머만 전문 사건'도 영국 대미 첩보 활동의 결과였습니다. 하지만 당시 영국은 수미 테리 사건과 달리 출처를 위장하는 작전을 성공적으로 벌여 동맹국과의 관계 악화를 사전에 차단했습니다. 역사적으로 볼 때 국정원의 대미 첩보 활동이 이상하다고 볼 것은 아닙니다. 다만 침머만 전문 사건에서 보듯 동맹국과의 갈등으로 비화되지 않도록 관리해야 하는 국정원의 조치가 미흡했다는 점에서 일종의 '정보 실패' 사례에 해당한다고 볼 수 있습니다.

트럼프 2기 행정부 들어 미국, 영국, 호주 등이 참여하는 '파이브 아이즈Five Eyes' 정보 공동체가 약화되고 있다는 지적이 나오고 있습니다. 미국 우선주의 외교로 인해 동맹국 간 불신이 커지고 있기 때문입니다. '만인에 대한 만인의 투쟁' 같은 국제정세에서 국정원의 정보 수집 범위가 전방위로 확대될 필요가 있을 겁니다.

참고 문헌

1장. 미국은 왜 한국전쟁에 개입했나
- Henry Kissinger 《Diplomacy》 (Simon&Schuster, 1994)
- Henry Kissinger, 김성훈 역 《헨리 키신저의 외교》 (김앤김북스, 2023)
- Henry Kissinger, 이현주 역 《헨리 키신저의 세계 질서》 (민음사, 2016)
- 김동길, 박다정 《중화인민공화국 건국 전후 및 한국전쟁 초기, 중국의 한국전쟁과 참전에 대한 태도 변화와 배경》 (역사학보, 2015)

2장. 미중 갈등은 왜 북한의 무력도발을 자극하는가
- Henry Kissinger 《Diplomacy》 (Simon&Schuster, 1994)
- Henry Kissinger, 김성훈 역 《헨리 키신저의 외교》 (김앤김북스, 2023)
- The National Security Archives 〈Nixon's Trip to China〉 (https://nsarchive2.gwu.edu/NSAEBB/NSAEBB106/#1)
- 최명해 〈1960년대 북한의 대중국 동맹딜레마와 '계산된 모험주의'〉 (국제정치논총 제48집 3호, 2008)
- 최명해 《중국 북한 동맹관계-불편한 동거의 역사》 (오름, 2009)
- 김상운 〈미중 관계와 북한 대중(對中) 정책의 상관성에 관한 연구〉 (북한대학원대, 2020)

3장. 중국이 인천상륙작전 기념에 발끈한 이유
- 김동길 등 〈중화인민공화국 건국 전후 및 한국전쟁 초기, 중국의 한국전쟁과 참전에 대한 태도 변화와 배경〉 (역사학보, 2015)
- 윈스턴 처칠 《제2차 세계대전》 (까치, 2016)
- 김대성 〈인천상륙작전의 성공 요인에 대한 군사전략적 분석〉 (국방부군사편찬연구소, 2018)

4장. 미중 반도체 전쟁 속 한국의 생존 전략
- 크리스 밀러, 노정태 역 《칩워, 누가 반도체 전쟁의 최후 승자가 될 것인가》 (부키, 2023)

5장. 중국-대만 전쟁이 한반도에 미치는 파장
- Brendan Rittenhouse Green, 〈Then What? : Assessing the Military Implications of Chinese Control of Taiwan〉 (International Security, 2022)
- Oriana Skylar Mastro, 〈How South Korea Can Contribute to the Defense of Taiwan〉 (The Washington quarterly, 2022)
- 장수야 《한국전쟁은 타이완을 구했는가》 (경인문화사, 2022)

6장. 위험한 동거, 북러 밀착 어떻게 볼 것인가
- 국가안보전략연구원 〈러북정상회담 결과 평가 및 對 한반도 파급 영향〉 (INSS 전략보고, 2024. 06)
- 하상식 〈러시아의대한반도 정책: 러시아, 북한 관계를 중심으로〉 (국제정치논총 40집 4호, 2000)
- 〈조선민주주의인민공화국과 로씨야련방 사이의 포괄적인 전략적동반자관계에 관한 조약〉 (조선중앙통신 2024. 06. 20)
- 로버트 스칼라피노, 이정식 역 《한국 공산주의운동사》 (돌베개, 2015)
- 윤상원 〈홍범도의 러시아 적군 활동과 자유시사변〉 (한국사연구 178집, 2017)
- 박노자 《조선 사회주의자 열전》 (나무연필, 2021)

7장. 가까이하기엔 너무 먼 북중 관계
- 이종석 〈북한-중국관계 1945-2000〉 (중심, 2000)
- 김일성 〈조선로동당 제6차 대회에서 한 중앙위원회 사업총화보고〉 (김일성 저작집 35권, 1987)

8장. 싱하이밍 논란과 '중국 패권주의' 역사
- 구선희 〈조선을 근대 식민지로 만들려 했던 중국인, 위안스카이〉 (역사비평, 2009)
- 김기혁 《동아시아 세계 질서의 종막》 (글항아리, 2022)
- 이동률 〈중국 정부의 티베트에 대한 중국화 전략: 현황과 함의〉 (동북아역사논총 13호, 2006)

9장. 키신저의 현실주의가 미국 외교에 남긴 유산
- Henry Kissinger 《Diplomacy》 (Simon&Schuster, 1994)
- Thomas W. Lippman 〈Henry Kissinger who shaped world affairs under two presidents, dies at 100〉 (Washingtonpost, 2023. 11. 29)
- 헨리 키신저, 이현주 역 《헨리 키신저의 세계 질서》 (민음사, 2016)
- 마상윤 〈1970년대 초 한국외교와 국가이익: 모겐소의 국익론을 통한 평가〉 (국제·지역연구 21권 2호, 2012)

10장. 한국-쿠바 수교와 남북한 외교 전쟁
- 장덕준 〈박정희 시기 대륙지향 외교의 배경과 특징〉 (중소연구 43권 2호, 2019)
- 신종대 〈남북한 외교경쟁과 '6.23 선언'〉 (현대북한연구, 2019년)
- 마상윤 〈미중관계와 한반도-1970년 이후의 역사적 흐름〉 (역사비평, 2014)
- 마상윤·박원곤 〈데탕트기의 한미 갈등: 닉슨, 카터와 박정희〉 (역사비평, 2009)
- 마상윤 〈미완의 계획: 1960년대 전반기 미 행정부의 주한미군 철수 논의〉 (한국과 국제정치, 2003)

11장. 김정은 '민족통일 포기'의 역사적 의미
- 전미영 〈통일 담론에 나타난 남북한 민족주의 비교연구〉 (국제정치논총 43집 1호, 2003)
- 신종대 〈유신체제 수립을 보는 북한과 미국의 시각과 대응〉 (아세아연구, 2012)

12장. 북 비핵화 협상과 제2차 세계대전의 교훈
- 문재인 《변방에서 중심으로-문재인 회고록》 (김영사, 2024)
- 윈스턴 처칠, 차병직 역 《제2차 세계대전(상·하)》 (까치, 2016)
- 신범철 〈2018-2019 비핵화 프로세스를 통해 본 북한의 전략적 의도 분석〉 (전략연구 78호, 2019)

13장. 김주애 등장과 북한 세습통치의 미래
- Juan J. Linz & Alfred Stephan 〈Problems of Democratic Transition and Consolidation〉 (The Johns Hopkins University Press, 1996)
- 장달중 등 《현대 북한학 강의》 (사회평론, 2013)
- 김일평 등 《북한체제의 수립과정》 (경남대극동문제연구소, 1991)
- 북한연구학회 《북한의 정치》 (경인문화사, 2006)
- 북한연구학회 《김정은 시대의 정치와 외교》 (한울아카데미, 2014)

14장. 프리고진 반란과 북한의 군부 분리 지배
- 장달중 등 《현대 북한학 강의》 (사회평론, 2013)
- 북한연구학회 《김정은 시대의 정치와 외교》 (한울아카데미, 2014)

15장. 일제강점기 이승만의 대미 외교전
- 경남대 극동문제연구소 《북한체제의 수립과정》 (경남대극동문제연구소, 1991)
- 유영익 《이승만의 생애와 건국 비전》 (청미디어, 2019)
- 김명섭 등 〈20세기초 동북아 반일(反日) 민족지도자의 반공(反共): 이승만과 장개석의 사례를 중심으로〉 (한국정치외교사논총 제34권 2호, 2013)
- 김명섭 등 〈워싱턴회의 시기 이승만의 외교활동과 신문 스크랩, 1921-1922〉 (한국정치학회보 51집 2호, 2017)
- 김정민 등 〈만주사변 발발 이후 대한민국 임시정부의 국제연맹 외교: 이승만의 외교활동을 중심으로〉 (한국정치학회보, 2019)

16장. 벼랑 끝 전술로 쟁취한 한미상호방위조약
- 유영익 〈한미동맹 성립의 역사적 의의: 1953년 이승만 대통령의 한미상호방위조약 체결을 중심으로〉 (한국사연구휘보 제128호, 2005)
- 김일영 〈이승만 정부에서의 외교정책과 국내정치: 북진 반일정책과 국내 정치경제와의 연계성〉 (국제정치논총, 2000)

- 윈스턴 처칠 《제2차 세계대전》(까치, 2016)
- 헨리 키신저 《Diplomacy》(Simon&Schuster, 1994)

17장. '서울의 봄' 미국은 왜 전두환을 용인했나
- 박원곤 〈1979년 12.12 쿠데타와 카터 미 행정부의 대응: 도덕외교의 타협〉(국제정치논총 50집 4호, 2010)
- 정일준 〈전두환 노태우 정권과 한미 관계: 광주항쟁에서 6월 항쟁을 거쳐 6공화국 등장까지〉(역사비평, 2010)
- 이흥환 〈전두환, 정권 승인 대가로 美에 핵포기, 전투기 구매 약속〉(신동아, 2004)

18장. 주일미군 강화가 한반도 안보에 미치는 영향
- 임기훈 〈탈냉전기 주한미군과 주일미군의 역할 변화〉(한국과 국제정치 37권 4호, 2021)
- 마상윤 〈미완의 계획: 1960년대 전반기 미 행정부의 주한미군 철수 논의〉(한국과 국제정치 19권 2호, 2003)
- FT 〈US and Japan plan biggest upgrade to security pact in over 60 years〉(2024. 3. 24)

19장. 세계 최강 이스라엘 정보기관은 왜 무너졌나
- 크리스토퍼 앤드루, 박동철 역 《스파이 세계사 1, 2, 3》(한울, 2021)
- Foreign Policy 〈What Israeli Intelligence Got Wrong About Hamas〉(2023. 10. 11)
- 석재왕 〈한국전쟁 발발과 미국 트루먼 행정부의 정보실패〉(국가안보와 전략 63호, 2016)
- 전웅 〈9/11 테러, 이라크 전쟁과 정보실패〉(세종연구소, 2005)

20장. 반복되는 국정원 인사 파동, 원인과 해법은?
- 크리스토퍼 앤드루, 박동철 역 《스파이 세계사 1, 2, 3》(한울, 2021)
- 전웅 〈9/11 테러, 이라크 전쟁과 정보실패〉(세종연구소, 2005년)
- 석재왕 〈한국전쟁 발발과 미국 트루먼 행정부의 정보실패〉(국가안보와 전략 63호, 2016)
- Foreign Policy 〈What Israeli Intelligence Got Wrong About Hamas〉(2023. 10. 11)
- 월간조선 〈흔들리는 국정원 향해 작심한 염돈재 전 국정원 차장 "국정원장들이 국정원 다 망쳐 놨다"〉(2014. 08)

21장. 수미 테리 사건과 '동맹국 첩보전'의 역사
- 크리스토퍼 앤드루, 박동철 역 《스파이 세계사 1, 2, 3》(한울, 2021)